AF533896

Zeigt euch!

Barbara Janz-Spaeth/Hildegard König/
Claudia Sticher

Zeigt euch!

21 Porträts namenloser Frauen der Bibel

Patmos Verlag

VERLAGSGRUPPE PATMOS

PATMOS
ESCHBACH
GRÜNEWALD
THORBECKE
SCHWABEN
VER SACRUM

Die Verlagsgruppe
mit Sinn für das Leben

Die Verlagsgruppe Patmos ist sich ihrer Verantwortung gegenüber unserer Umwelt bewusst. Wir folgen dem Prinzip der Nachhaltigkeit und streben den Einklang von wirtschaftlicher Entwicklung, sozialer Sicherheit und Erhaltung unserer natürlichen Lebensgrundlagen an. Näheres zur Nachhaltigkeitsstrategie der Verlagsgruppe Patmos auf unserer Website www.verlagsgruppe-patmos.de/nachhaltig-gut-leben
Übereinstimmend mit der EU-Verordnung zur allgemeinen Produktsicherheit (GPSR) stellen wir sicher, dass unsere Produkte die Sicherheitsstandards erfüllen. Näheres dazu auf unserer Website www.verlagsgruppe-patmos.de/produktsicherheit. Bei Fragen zur Produktsicherheit wenden Sie sich bitte an produktsicherheit@verlagsgruppe-patmos.de

2. Auflage 2025

Verlagsgruppe Patmos in der Schwabenverlag AG, Senefelderstr. 12, 73760 Ostfildern
www.patmos.de

Umschlaggestaltung: Finken & Bumiller, Stuttgart
Umschlagabbildung: Mary Long / shutterstock
Gestaltung, Satz und Repro: Schwabenverlag AG, Ostfildern
Druck: GGP Media GmbH, Pößneck
Hergestellt in Deutschland
ISBN 978-3-8436-1442-9

INHALT

VORWORT

Zeigt euch: Frauen

Ich habe dich beim Namen gerufen. Du bist mein! (Jes 43,1)
– Was für ein Anspruch! Was für eine Anmaßung, wenn es aus anderem Mund kommt als aus göttlichem!
Die Namensgebung – in der Antike ein Zeichen von Macht und Anerkennung zugleich. Dem Vater stand in der Regel die Namensgabe zu; der Name eines Menschen stand für Abstammung und Zugehörigkeit.
Heute hat die Namensgebung andere Bedeutungen, die ganz unterschiedlich ausfallen können: Für die einen ist der Name Ausdruck von Traditionsverbundenheit, für die anderen Ausweis eines besonderen Lebensgefühls, wieder andere stellen damit eine Verbindung zu besonderen Menschen her. Seit jeher hat der Name für seine Trägerin ein Gewicht als Teil der Individualität und Persönlichkeit oder als Erblast.
Was aber ist mit denen, deren Namen nicht gerufen werden? Was ist mit denen, die nichts anderes hören als »du da!«? Auch wenn ihre Namen nicht der Rede wert scheinen, auch wenn ihre Namen nicht genannt und bekannt sind, so haben sie doch ihr Dasein, ihre Würde und Geschichte, im Schatten vielleicht, der das Erkennen erschwert. Die im Schatten werden leicht übersehen. Wer erinnert sich an sie?

Zeigt euch: Texte

Die Bibel – eine Bibliothek prall gefüllt mit unterschiedlichsten Textstücken: Listen, Chronologien, Erzählungen,

Märchen, Bildworte, Gesänge und Gedichte, Prophetien, Gleichnisse, Reden und Briefe ... alles vielschichtig miteinander verwoben und immer aus dem Drang erwachsen, im Weltgeschehen und im Menschenmiteinander jenes Unsagbare zu begreifen, das hoffentlich alles zusammenhält.
Die Schreiber und Poeten leben in einer Welt, die aus ihrer Sicht eine Männerwelt ist. Dass auch Frauen als Autorinnen an der Bibel mitgeschrieben haben, lässt sich nur vermuten. Dass Frauen Akteurinnen in den Geschichten sind, ist unbestreitbar. Es gibt die mit den berühmten Namen, Sara und andere Ahnfrauen, oder Heldinnen wie Judit und Ester, Prophetinnen wie Mirjam, Maria von Nazaret und die Apostelin Maria von Magdala. Und es gibt die, deren Namen nicht bekannt sind, die Frau, die Tochter, die Schwester, die Magd oder die Mutter eines Mannes. Leicht zu überlesen, wenn sie im Schatten großer Personen oder Ereignisse stehen.
Und doch haben diese namenlosen Frauen in der Bibel ihr eigenes Gewicht, das über ihre lesbaren Konturen hinausgeht, wenn sie symbolisch als Personifikation für eine kollektive Größe, für Stadt oder Volk stehen. Namenlosigkeit bewirkt nicht Bedeutungslosigkeit, sondern schafft Identifikationsmöglichkeit.

Zeigt euch: Autorinnen

Uns drei Autorinnen vereint die Begeisterung für biblische Texte. Als Exegetinnen, Poetinnen und Erzählerinnen fahnden wir nach den beiläufig erwähnten Frauen der Bibel, indem wir den gelegten Spuren nachgehen. Neugierig und zugleich skeptisch, jedoch stets vorsichtig lesen wir die Fährten, die wir in den Texten und zwischen den Zeilen entdecken. Und wir setzen unsere Werkzeuge ein, die exegetische Expertise, Wissen über die Geschichte des Alten Orients und der hellenistischen Welt, ihre Kulturen und gesellschaftlichen Strukturen. Dabei sind wir uns bewusst: Wir können nicht aus unserer Haut, wir lesen die Texte einer langen fremden Vergangenheit mit heutigen Augen. Und wir lesen sie in der Absicht, den biblischen Frauen im Schatten Konturen zu geben, sie aus dem Zwielicht ins Licht treten zu lassen. Wir überschreiten Grenzen, wenn wir Texte fortschreiben, Lücken füllen, scheinbar Beiläufiges ins Zentrum rücken und vom Erzählgang abweichen. Unsere Aufmerksamkeit gehört den nicht oder wenig beachteten biblischen Frauen. Aber wir vereinnahmen sie nicht, wir stellen sie nicht bloß. Im Einfühlen in eine Person wissen wir sehr wohl, dass unser Bild von ihr partiell bleibt, und dass auch im kreativen Schreibgeschehen der Text ein heiliger bleibt, insofern Personen und Ereignisse ihre Heiligkeit besitzen, und seien sie auch noch so unbedeutend oder randständig. Kein Raum, der nicht auch Raum Gottes ist, kein unaussprechlicher Seelenschmerz, der nicht beim unaussprechlich Göttlichen Resonanz findet.

Zeigt euch: Leserinnen – und Leser

Jedes Lesen, jede Begegnung mit einem Text ist Aneignung. Jede und jeder liest mit eigener Lebenserfahrung, mit eigener Weltanschauung und eigener Fantasie denselben Text anders. Das ist nicht nur in unserer Zeit so, sondern seitdem Menschen lesen. Und weil das so ist, gibt es viele unterschiedliche Übersetzungen. Das Rätselraten um den Sinn und das Spiel mit Mehrdeutigkeit führt zu vielfältigen Lesarten. Davon zeugt bereits die Gründungslegende der Septuaginta, d.h. der Übersetzung der hebräischen Tora ins Griechische, nach der zweiundsiebzig Schriftgelehrte aus allen zwölf Stämmen Israels in einem zweiundsiebzig Tage dauernden Übersetzungs- und Entscheidungsprozess einen Text hervorgebracht haben, der als »gut, fromm … und völlig genau« akzeptiert wurde. Ein Wunder, dass sie zu einem einzigen allgemein anerkannten Text gekommen sind![1] Die Kernaussage der Legende: Wenn es nicht Gottes Wille gewesen wäre, dass die Tora übersetzt wird, und nicht göttlicher Geist im Spiel gewesen wäre, dann wäre nie und nimmer ein derartiges Ergebnis zustande gekommen, sondern das Übersetzungsprojekt gescheitert.

Die antiken Exegeten waren davon überzeugt, dass der Heilige Geist am Werk ist, wo immer ein Mensch die Bibel als Wort Gottes und als Fundort von Wahrheit liest und zu verstehen sucht: Lesen, Übersetzen, Auslegen, Neuerzählen des Textes darf als Spielzug göttlicher Geistkraft angenommen werden.

Und so begegnen Sie, die Leserinnen und Leser, in diesem Buch vielen verschiedenen Versionen des biblischen Textes und vielen unterschiedlichen Gottesnamen. Sie alle sind Annäherungsversuche an jenen verborgenen Sinn, der sich mit Wörtlichkeit umhüllt.

Die Geschichte von Gott und den Menschen ist das große Thema der Bibel. Dieses Thema wird auch im vorliegenden Buch in Variationen zum Klingen gebracht: als mögliche Fortsetzungen und Erweiterungen, als Pointierungen und Verdichtungen, nicht in Stein gemeißelt, sondern als Inspiration für das Hier und Heute gedacht. Und der schönste Lohn dieses Bemühens: Wenn Sie, die Leserinnen und Leser, Lust bekommen, sich mit Ihren eigenen Geschichten einzumischen in das unendliche Spiel.

Barbara Janz-Spaeth, Hildegard König, Claudia Sticher

1. MRS. CAIN

Frau der Urgeschichte (Gen 4,1–17)

Hildegard König

Dann verkehrte der Mann-Mensch mit Eva, seiner Frau; sie wurde schwanger, gebar den Kain, ›eine Lanze‹, und sprach: »Ich hab's gekonnt, einen Mann erschaffen – mit JHWH.« Da fuhr sie fort und gebar seinen Bruder, den Abel: ›einen Windhauch‹. Abel wurde ein Viehhirt, Kain aber wurde Ackerbauer. Nach einiger Zeit brachte Kain von den Früchten des Ackers eine Gabe für JHWH dar. Daraufhin brachte auch Abel etwas von den Erstgeburten seiner Herde und von ihren Fettstücken dar. Und JHWH beachtete Abel und seine Opfergabe, Kain aber und seine Opfergabe beachtete er nicht. Das ließ Kain aufs Äußerste entflammen, seine Gesichtszüge entglitten.

...

Da wollte Kain seinem Bruder Abel etwas sagen – doch als sie auf dem Feld waren, erhob sich Kain gegen seinen Bruder Abel und tötete ihn. JHWH sagte zu Kain: »Wo ist Abel, dein Bruder?« Der sagte: »Das weiß ich nicht. Habe ich etwa die Aufsicht über meinen Bruder?« Daraufhin: »Was hast du getan? Laut schreit das Blut deines Bruders zu mir vom Acker her. Also: Verflucht bist du, weg vom Acker, der das Blut deines Bruders von deiner Hand geschluckt und aufgenommen hat! Wenn du den Acker weiter bearbeitest, wird er dir seine Kraft nicht mehr geben. Heimatlos und ruhelos musst du auf der Erde sein.«

....

Und JHWH machte ein Zeichen für Kain, so dass nicht jeder ihn erschlagen kann, der ihn findet. So zog Kain los, fort vom Angesicht JHWHs und ließ sich nieder im Lande Nod, ›Unruhe‹, östlich von Eden.
Dann verkehrte Kain mit seiner Frau, sie wurde schwanger und gebar den Henoch. Und er wurde zum Erbauer einer Stadt und nannte sie nach dem Namen seines Sohnes: Henoch.

(BigS / Fischer)

Mrs. Cain:
ich bin viele
ohne herkommen
dahergelaufen
und namenlos
habe ich kein gesicht
an das man sich erinnert
ich wurde genommen
meine umstände zählten nicht
seine schon
er war eine kreatur seiner mutter
›lanze‹ nannte sie ihn
ihr stolz
ein muttersohn

ich bin die frau von einem
von vielen
gewalttäter und brudermörder
verbannt vom eigenen boden
wegen seiner untat für ewig
gezeichnet
den fluch trägt er
wie einen panzer um sich
undurchdringlich
fremd bleibt er mir
auch wenn er mich nimmt
fahrig und rastlos
und
wenn er um sich schlägt
als wolle er so sein leben
zurechtbiegen
wie
eisen im feuer

ich ducke mich
werde zur deckung
für das kind in mir
so gut es geht
wenn er seiner verbissenen wut
verfällt
die ihn von innen ausweidet

ich bin die mutter von
henoch
dem einen
dessen namen genannt wird
einem mit gewicht
von geburt an
ein vatersohn
bei dem der unstete streuner
halt und ziel findet
das kind
sein ort im land der unruhe:
für den sohn baut er
ein haus auf unsicherem boden
eine stadt auf henochs namen
zu seinem ruhm
und in erwartung
dass was wird aus ihm:
ein gottwandler und weltweiser
ein geheimnisträger und visionär
ein engel und was sonst
ihm angedichtet wird mit
offenem ende
vater und sohn jedenfalls
auf ihre weise
unsterblich

ich bin randständig
in dieser geschichte
der menschheit
mit ihren blutroten ackerböden
und ausgebombten städten
ausgeblendet und überlesen
bin ich kaum mehr als meine
gebärmutter
was aber wäre ohne mich
einer
nannte mich ›Mrs. Cain‹[2]
plädierte für die freiheit des denkens
bei offenem anfang
und ende
ein henoch-nachkomme
von vielen
und in meinem namen

ich bin Mrs. Cain

2. DIE LEBENSRETTERINNEN

Frauen am Nil (Ex 2)

Claudia Sticher

Im Palast: Eine Pharaonentochter

»Ägypten ist ein starkes und mächtiges Volk, das die Götter schützen. Wohlstand, Frieden und ewiges Leben schenkt uns Pharao, mein geliebter Vater! Wohl allen, die zu unserem Volk gehören!«

»Danke für deinen Morgengruß, Tochter des Pharao! Erzähl uns ein wenig – nun lässt dein verehrungswürdiger Vater seine Residenz größer und prächtiger ausbauen als jemals zuvor? Durftest du ihn schon einmal begleiten? Wie sieht es da aus? Es muss eine mächtige Baustelle sein!«

»Alle Handwerker, Steinmetze, Maler und Goldschmiede, kurz: alle Meister ihres Faches sind zusammengekommen, um dieses große Werk voranzutreiben. Doch Ägypten hat nicht annähernd genug Arbeiter. So erließ Pharao eine Fronpflicht für die hier ansässigen Fremden. Sie machen die niederen Arbeiten wie Ziegelbrennen.«

»Weise ist der große Pharao! Vor allem die Hebräer, die in Gosen siedeln, sind zahlreich. Ein so großes fremdes Volk mitten auf fruchtbarem Gebiet stellt eine Gefahr dar.«

»Gut, wenn Aufseher es unter Kontrolle halten und die Arbeit sie davon abhält, sich Verbündete unter unseren Feinden zu suchen.«

»Besser noch wäre, wenn es in Ägypten kein so zahlreiches anderes Volk gäbe. In Ägypten sollten nur Ägypter siedeln dürfen. Unsere Götter sind mächtig. Aber wir dürfen ihren Zorn nicht reizen, indem wir Fremde im Land dulden, die unsere Götter nicht verehren.
Pharao in seiner großen Weisheit hat Vorsorge getroffen, dass es nicht zu einer Überfremdung kommen kann. Bald werden sie weniger werden, die Hebräer. Und tüchtige Sklaven braucht unser Volk für die Bauten ja immer.«

In Ägypten kam ein neuer König an die Macht, der Josef nicht gekannt hatte. Er sagte zu seinem Volk: Seht nur, das Volk der Israeliten ist größer und stärker als wir. Gebt Acht! Wir müssen überlegen, was wir gegen es tun können, damit es sich nicht weiter vermehrt. Wenn ein Krieg ausbricht, könnte es sich unseren Feinden anschließen, gegen uns kämpfen und aus dem Lande hinaufziehen. Da setzte man Fronvögte über es ein, um es durch schwere Arbeit unter Druck zu setzen. Es musste für den Pharao die Städte Pitom und Ramses als Vorratslager bauen. Je mehr man es aber unter Druck hielt, umso stärker vermehrte es sich und breitete sich aus. Da packte sie das Grauen vor den Israeliten. Die Ägypter gingen hart gegen die Israeliten vor und machten sie zu Sklaven.

(EÜ 2016)

Am Fluss – Hebräische Frauen

»Nun regiert ein Pharao, der Josef nicht mehr gekannt hat. Wir sind Fremde, nichts weiter. Vorbei mit allem Wohlwollen, vorbei die Dankbarkeit. Dabei wären sie alle verhungert, wenn unser Gott nicht Josef nach Ägypten geschickt hätte. Nur durch einen von uns, Josef, und seine kluge Vorratshaltung konnte das Volk die langen Hungerjahre überstehen.«

»Es ist unglaublich. Er ist kein Mensch. Wie kann man einen Befehl erlassen, alle männlichen Neugeborenen zu töten?«

»Habt ihr gehört, was Pua und Schiffra zur Antwort gaben, als Pharao sie zur Rede stellte, weil sie seinen Befehl missachteten? – Wären wir doch alle nur so mutig und so klug wie die beiden Hebammen.«

»Nein, erzähl, ich weiß noch von nichts.«

»Sie schlugen ihn mit eigenen Waffen, den gottgleichen Pharao. Schließlich scheint er uns nicht für Menschen zu halten, sondern für Tiere, deren Junge man erschlagen oder ersäufen kann …«

»Jedenfalls sagten sie: ›Bei den hebräischen Frauen ist es nicht wie bei den Ägypterinnen, sondern wie bei den Tieren: Wenn die Hebamme zu ihnen kommt, haben sie schon geboren.‹«[3]

Am Herdfeuer – Mutter und Tochter
»Mutter, warum lassen sie die Mädchen am Leben?«

»Mädchen, mein Kind, kann jedes Volk immer brauchen. Sie werden an die Söhne des eigenen Volkes verheiratet, damit die Nachkommenschaft wächst. Fürchte dich nicht mein Kind, du bist sicher.«

»Aber ich will keinen Ägypter heiraten, Mutter.«

»Sei still, Kind, so weit ist es noch lange nicht. Wieder und wieder hat Gott unser Volk behütet, er wird auch jetzt einen Weg finden.«

...

»Kind, es wird nicht mehr lange gutgehen. Der Kleine fängt an zu brüllen und wird immer lebhafter. Wie sollen wir ihn versteckt halten? Und du bringst ihn noch zum Glucksen, wenn du den ganzen Tag mit ihm spielst.«

Ein Mann aus dem Hause Levi ging hin und nahm eine Frau aus dem gleichen Stamm. Die Frau wurde schwanger und gebar einen Sohn. Weil sie sah, dass er schön war, verbarg sie ihn drei Monate lang. Als sie ihn nicht mehr verborgen halten konnte, nahm sie ein Binsenkästchen, dichtete es mit Pech und Teer ab, legte das Kind hinein und setzte es am Nilufer im Schilf aus. Seine Schwester blieb in der Nähe stehen, um zu sehen, was mit ihm geschehen würde. Die Tochter des Pharao kam herab, um im Nil zu baden. Ihre Dienerinnen gingen unterdessen am Nilufer auf und ab. Auf einmal sah sie im Schilf das Kästchen und ließ es durch ihre Magd holen. Als sie es öffnete und hineinsah, lag ein weinendes Kind darin. Sie hatte Mitleid mit ihm und sie sagte: Das ist ein Hebräerkind.

Da sagte seine Schwester zur Tochter des Pharao: Soll ich zu den Hebräerinnen gehen und dir eine Amme rufen, damit sie dir das Kind stillt? Die Tochter des Pharao antwortete ihr: Ja, geh! Das Mädchen ging und rief die Mutter des Knaben herbei. Die Tochter des Pharao sagte zu ihr: Nimm das Kind mit und still es mir! Ich werde dich dafür entlohnen. Die Frau nahm das Kind zu sich und stillte es. Als der Knabe größer geworden war, brachte sie ihn der Tochter des Pharao. Diese nahm ihn als Sohn an, nannte ihn Mose und sagte: Ich habe ihn aus dem Wasser gezogen.

(EÜ 2016)

Am Fluss – Schwester und Pharaos Tochter

Ich stehe am Fluss. Das Binsenkörbchen mit meinem kleinen Brüderchen lasse ich nicht aus den Augen. Drei Monate lang habe ich mit ihm gespielt, ihn liebgewonnen. Nun hat Mutter ihn dem Wasser anvertraut. Weinend. Wortlos streift ihre Hand meine Schulter, als sie davongeht. Es ist unauffälliger, wenn nur ich bleibe; Kinder sind immer am Fluss. Der Nil ist der große Lebensspender, doch seine Fluten sind lebensbedrohlich. Wer wüsste das nicht.

»Wir machen ihm eine kleine Arche«, hatte Mutter mir zugeflüstert, während sie das Flechtwerk sorgfältig mit Pech verstrich. »Gott wird ihn retten.« Nun schaukelt jede Welle sein Körbchen, immerhin treibt es kaum ab. Der Kleine scheint zu schlafen, jedenfalls höre ich keinen Laut. Und geschaukelt wird er ja gerne.

Stimmen. Sie kommen näher. Es müssen Ägypterinnen sein, so sorglos und laut, wie sie sich unterhalten. Und diese feinen Leinenkleider. Neidisch starre ich sie an. Dann reiße

ich mich zusammen. Bloß meinen kleinen Bruder nicht aus den Augen verlieren.
Die jungen Frauen nehmen ein Bad. Sie singen. Ist das gut oder schlecht? Ich muss aufmerksam sein …
Da, der Kleine muckst sich, bald schon wimmert er. Nein, noch näher heran darf ich nicht, das wäre verräterisch. Schweigend beobachte ich.
Alles dreht sich um eine bildschöne junge Ägypterin. Die anderen scheinen sie zu bedienen oder ihr Gesellschaft zu leisten oder sie mit Musik zu zerstreuen. Sie nimmt den Aufwand um sich herum kaum wahr. Prüft mit den Zehen das Wasser, zieht den Fuß unschlüssig zurück.

Er heult!
Alle Blicke fliegen zu dem Binsenkörbchen. Mit einer herrischen Gebärde schickt die Schöne eine Begleiterin, es zu ihr zu bringen.
Ihre Züge werden weich, als sie hineinblickt. »Das ist ein Hebräerkind«, sagt sie in die Runde. Alle nicken.
Sie wissen es also, die feinen Mädchen, was Pharao uns antut.
»Herrin, das könnt ihr unmöglich mit in den Palast nehmen«, flüstert eine Dienerin der Schönen zu.

Sie will ihn nicht mitnehmen! Dumpf dringen die Worte in mich ein … Jetzt oder nie. Die Anspannung lässt mich nicht klar denken. Sonst hätte ich mich wahrscheinlich nie getraut, aus meinem Versteck zu treten …
Meine Augen bleiben auf den Ufersand gerichtet, die Füße bewegen sich wie von selbst, ich spreche die vornehmen Ägypterinnen leise und atemlos zugleich an: »Soll ich zu

den Hebräerinnen gehen, dem Kind eine Amme holen?« Mut der Verzweiflung!

Sie blicken mich an. Hochmütig? Überrascht? Jetzt bloß nicht unsicher werden! Das Zittern nicht anmerken lassen, das Leben meines kleinen Bruders hängt an dieser Frage.

Wiederum eine wortlose Geste. Herrschergebaren, die ägyptische Prinzessin ist gewohnt, ihren Willen durchzusetzen. Ich laufe um mein – nein: sein – Leben, hole unsere Mutter. Auch sie bebt vor Angst, reißt sich zusammen.

Die Schöne richtet das Wort an unsere Mutter, heißt sie, das Kind zu stillen – ihr eigenes Kind zu stillen – selbst von Entlohnung ist die Rede.
Der Kleine ist gerettet, es gibt keinen anderen Lohn!

»Wenn er entwöhnt ist, bring ihn zu mir!«
Das ist keine Bitte, das ist ein Befehl.
Mutter nickt. Für den Moment ist alles gut, der Kleine bleibt bei uns, steht unter dem Schutz der Ägypterin.

»Die Ägypterin« nenne ich sie, Tochter des Pharao, eine der ersten Damen des Reiches. Ihren Namen weiß ich nicht. Und natürlich kennt sie unsere Namen nicht, denn eine Prinzessin kann ja schlecht ein Hebräermädchen fragen, wie es heißt.
Verbindet uns das? Sie, die Tochter des Pharao, und ich, die Schwester des Findelkindes, das wie einst der große Sargon aus dem Wasser gerettet wird. Wir Namenlosen geben die Kulisse ab, auf dass alle Aufmerksamkeit sich auf das Kindchen richte. Mose nennt die Ägypterin den Kleinen. Mose,

weil sie ihn aus dem Wasser gezogen hat.[4] Mit dem Namen macht sie ihn zu einem der Ihren. Das ist ihr gutes Recht. Wer einem Menschen zum Leben verhilft, darf ihn benennen.
Mose also, wie Noah wurde er aus dem Wasser gerettet. Die kleine Arche, das Binsenkörbchen, hatte unsere Mutter für ihn geflochten, die ägyptische Prinzessin rettet ihn aus den Wassern des Nil. Unser Gott handelt durch diese Fremde, eine Prinzessin aus dem Volk unserer Unterdrücker. Dafür gilt ihr der Dank durch Weltzeiten hindurch. Sie darf ihm den Namen als Erbe Ägyptens mitgeben.

Und ich? Wer dankt mir? Wer dankt unserer Mutter, die ihm seine kleine Arche baute und ihn mit dem Mut der Verzweiflung – nein, mit Gottvertrauen! – ins Wasser setzte?

...

Jahre würden vergehen, bis Mose sich an seine Herkunft und seine beiden Geschwister erinnern würde.

Im Palast – die Tochter des Pharao

»Herrin, Ihr hättet das Kind wirklich nicht mitnehmen können hierher in den Palast!«
Ich nicke. Aufhören zu weinen kann ich nicht. Wie immer scheucht das den halben Harem auf, wenn ich – Lieblingstochter des Pharao – Tränen vergieße. Was sie nicht alles herbeibringen: Früchte, Saft, duftende Küchlein, eine Kohlenwanne mit Räucherwerk darauf, um die Trübsal in die Luft steigen zu lassen. Schließlich setzt sich meine liebste Sängerin mir zu Füßen, um mich aufzuheitern.

»Das kleine schmutzige Mädchen heute Morgen, sie ist so viel freier als ich … und sie hat das Kindchen weggebracht.«
Ich gebe mich meinem Kummer hin.
Ein Tüchlein wedelt mir durchs Gesicht, wischt meine Tränen weg. »Scht, scht«, höre ich die beruhigende Stimme meiner Amme. »Das Kindchen braucht Milch, um am Leben zu bleiben, wenn du es nicht weggegeben hättest, wäre es gestorben. Du hast alles richtig gemacht.«
»Eigentlich sind hier doch genug Frauen im Palast …«
Die Amme versteht meine unausgesprochene Frage: »Keine Ägypterin hätte freiwillig ein Hebräerkind gestillt, es ist gut, dass du keine der Mägde dazu gezwungen hast.«
Ein solch offenes Wort dürfen mir nicht viele sagen. Wenn ich es recht überlege, ist meine Amme die einzige der Dienerinnen, die mich nicht Herrin nennen muss. Die Götter – allen voran mein Vater, der Pharao – sichern die Weltordnung. Und ich bin göttlicher Abstammung.
Drei Jahre lang stillen die Hebräerinnen ihre Kleinen, doch bei uns weiß man: ein Jahr genügt. Unsere Kultur haben die Götter uns geschenkt, die Hebräer sind einfache Leute, die Viehherden halten oder unsere Bauten errichten. Sie wissen vieles einfach nicht.
Bald kann ich ihn also holen lassen, meinen kleinen Hebräerbuben, und ihn mit weichem Brot und Früchten füttern. Hier herrscht niemals Mangel, denn Pharao sorgt für uns. Eine exzellente Erziehung wird er genießen. Nicht lange, und er kann sich an die schmutzige Lehmhütte und die Armut, aus der er gekommen ist, nicht mehr erinnern. Mich wird er Mama nennen.

In der Lehmhütte – Tochter und Mutter

»Er ist kein Findelkind, Mutter! Er gehört ihr nicht! Ich kann ihn nicht noch einmal hergeben!«

»Wir müssen ihn der ägyptischen Prinzessin bringen. Sie hat verlangt, ihn zu entwöhnen und zu ihr zu bringen, er sei lange genug gestillt und kräftig genug für feste Speisen. Und … Kind, ich habe ihn doch genau deshalb ausgesetzt, damit ihn jemand findet … Die schöne Ägypterin mit ihren Dienerinnen leidet keinen Mangel, dort wird es ihm besser gehen als hier bei uns. Wenn wir ihn loslassen, retten wir sein kleines Leben!«

Ein letztes Mal hebt die Mutter den Kleinen an die Wange, wiegt ihn hin und her.

»Schon jetzt gehört er nicht mehr zu uns. Die Ägypterin hat ihm einen Namen gegeben. Dein kleiner Bruder, nimm ihn, bring ihn zu ihr. Mose wird er nun heißen. Ägypten und Pharao, sie sind sein Schicksal!«

Amram nahm seine Tante Jochebed zur Frau. Sie gebar ihm Aaron und Mose. Die Lebenszeit Amrams betrug hundertsiebenunddreißig Jahre.

(Ex 6,20; EÜ 2016)

Die Frau Amrams hieß Jochebed; sie war die Tochter Levis, die dem Levi noch in Ägypten geboren wurde. Sei gebar dem Amram Aaron und Mose sowie deren Schwester Mirjam.

(Num 26,59; EÜ 2016)

3. WAS RECHT IST, MUSS RECHT BLEIBEN

Zelofhads Töchter (Num 27,1–11)

Claudia Sticher

»Viermal sind wir in der Schrift genannt – ist das nichts? Wir können stolz auf uns sein!«[5]

Zelofhad, der Sohn Hefers, hatte keine Söhne, sondern nur Töchter; die Töchter Zelofhads hießen Machla, Noa, Hogla, Milka und Tirza.

(Num 26,33; EÜ 2016)

Sie sagten: Der HERR hat meinem Herrn geboten, das Land durch das Los als Erbbesitz an die Israeliten zu verteilen. Und meinem Herrn wurde durch den HERRN geboten, den Erbbesitz unseres Bruders Zelofhad seinen Töchtern zu geben.

(Num 36,2; EÜ 2016)

Zelofhad aber, der Sohn Hefers, (...) hatte keine Söhne, sondern nur Töchter. Seine Töchter hatten folgende Namen: Machla, Noa, Hogla, Milka und Tirza.

(Jos 17,3; EÜ 2016)

Machir nahm eine Frau für Huppim und Schuppim. Der Name seiner Schwester war Maacha. Der Name des zweiten Sohnes war Zelofhad. Dieser hatte nur Töchter.

(1 Chr 7,15; EÜ 2016)

»Aber immer dieses ›nur‹, es versetzt mir einen Stich, wenn alle schreiben, Vater habe ›nur‹ Töchter gehabt.«

»›Blut und Boden‹ – hat nicht der Allmächtige eine Gegengesellschaft gewollt?«

»Woher nahmen wir damals den Mut, junge Mädchen, die wir waren?«

»Wie gut, dass in ferner Vorzeit der gerechte Ijob auch seine Töchter mit Erbgut bedachte, ein starkes Vorbild, über das sie kaum weggehen konnten.«

Auch bekam er sieben Söhne und drei Töchter. Die erste nannte er Jemima, Turteltaube, die zweite Kezia, Zimtblüte, und die dritte Keren-Happuch, Schminkhörnchen. (...) Ihr Vater gab ihnen Erbbesitz unter ihren Brüdern.

(Ijob 42,13–15; EÜ 2016)

»Erzähl es noch einmal, Machla, damit wir uns sonnen in unserer eigenen Geschichte, ja?«

Und Machla erzählt: »Wie oft haben wir beratschlagt, wie wir es anstellen? – Ich weiß es nicht mehr.
Am Morgen der Entscheidung jedenfalls begaben wir uns zu Mose an den Eingang des Offenbarungszeltes. Aber was sage ich da: zu Mose? Wir kamen zu Mose, zum Priester Eleasar, zu den Anführern und zur ganzen Gemeinde an den Eingang des Offenbarungszeltes und stellten uns in einer Linie auf.
Als Mose auf uns zukam, trat ich einen Schritt aus unserer Reihe nach vorne, denn ich bin die Erstgeborene. Ich sagte:

›Unser Vater Zelofhad ist in der Wüste gestorben. Er gehörte nicht zu den Anhängern Korachs, die sich gegen den Herrn zusammengerottet hatten … Aber er hinterließ keine Söhne. Warum soll nun der Name unseres Vaters aus seiner Sippe verschwinden, weil er keinen Sohn hatte? Gib uns also eigenen Grund und Boden bei den Brüdern unseres Vaters!‹ – Wisst ihr noch, welches Gemurmel einsetzte? Fast kann ich noch die Namen der Sippenoberhäupter aufzählen, die uns sofort abweisen wollten. Anmaßung, unmöglich, unerhört waren nur einige der Einwürfe. Manche wollten uns ganz das Wort verbieten, räumten Frauen kein Rederecht ein am Eingang des Offenbarungszeltes.«

»Aber wir standen hinter dir! Und du bist keinen Schritt zurückgewichen.«

»Ja, Tirza, Kleines, so jung wie du noch warst, aber diesen Moment hast auch du nicht vergessen! Es war Mose, der mit Bedacht handelte. Er gab uns gar keine Antwort, bedeutete uns nur zu warten. Dann ging er in das Offenbarungszelt, um den Höchsten zu befragen.«

»Führt euch das wieder und wieder vor Augen: Gott selbst hat unsere Sache entschieden! Mose trug unseren Fall dem Herrn vor und der Herr sprach zu Mose: ‚Die Töchter Zelofhads haben recht. Du musst ihnen eigenen Grund und Boden als Erbbesitz bei den Brüdern ihres Vaters geben, also den Erbbesitz ihres Vaters auf sie übertragen.«

»Damit hatten wir unser Ziel erreicht, den Namen unseres Vaters nicht ausgelöscht zu sehen, nur weil er ohne Söhne starb.«

»Lass sie erzählen, Tirza, denn es geht noch weiter …«

»Nicht nur unseren Fall entschied der Allmächtige, sondern er gebot Mose, die grundlegende Regel zu verkünden: ‚Wenn jemand ohne Söhne stirbt, dann übertragt seinen Erbbesitz auf seine Tochter! Hat er keine Tochter, dann gebt seinen Erbbesitz seinen Brüdern! Hat er keine Brüder, dann gebt den Erbbesitz den Brüdern seines Vaters! Hat sein Vater keine Brüder, dann gebt seinen Erbbesitz dem nächsten Verwandten aus seiner Sippe; er soll ihn bekommen. – Und das wurde für die Israeliten geltendes Recht, wie der Herr es dem Mose befohlen hatte.«

Die Schwestern seufzen. Wieder und wieder erzählt, verliert die Geschichte nichts an Glanz, wird im Gegenteil immer von neuem aufpoliert – zum Gedenken.

Leise lässt sich Tirza vernehmen: »Aber wenn es uns nicht gäbe, dann hätte unsere arme Mutter gar nichts bekommen …«

»Eine Witwe allein kann keinen Erbteil einfordern. Nur die Familie ihres Vaters kann sie absichern.«

»Nicht nur: Sie kann auch einen ihrer Schwager heiraten, damit in der Sippe ihres Mannes bleiben und so den Namen ihres verstorbenen Mannes durch die Leviratsehe noch nachträglich erhalten.«

»Die Sippe ist wichtig. Deshalb erhalten alle Töchter ihr Erbteil unter der Auflage, keinen Mann aus einem anderen

Stamm zu heiraten, damit das Vermögen der Familie, das Erbe, nicht in den Besitz einer anderen Sippe gelangt.«

Die Töchter Zelofhads, des Sohnes Hefers, des Sohnes Gileads, des Sohnes Machirs, des Sohnes Manasses, aus den Sippen Manasses, des Sohnes Josefs, traten heran. Dies waren die Namen seiner Töchter: Machla, Noa, Hogla, Milka und Tirza. Sie stellten sich vor Mose und vor den Priester Eleasar und vor die Anführer und die ganze Gemeinde an den Eingang des Offenbarungszeltes und sagten: Unser Vater ist in der Wüste gestorben. Er war aber nicht inmitten der Gemeinde, die sich in Korachs Gefolge gegen den HERRN zusammengerottet hatte, sondern er ist wegen seiner eigenen Sünde gestorben. Aber er hinterließ keine Söhne. Warum soll nun der Name unseres Vaters aus der Mitte seiner Sippe verschwinden, weil er keinen Sohn hatte? Gib uns Grundbesitz bei den Brüdern unseres Vaters! Da übergab Mose ihre Rechtssache dem HERRN und der HERR sprach zu Mose: Die Töchter Zelofhads haben recht geredet. Du musst ihnen vererbbaren Grundbesitz bei den Brüdern ihres Vaters geben, also den Erbbesitz ihres Vaters auf sie übertragen. Sag zu den Israeliten: Wenn jemand ohne Sohn stirbt, dann übertragt seinen Erbbesitz auf seine Tochter! Hat er keine Tochter, dann gebt seinen Erbbesitz seinen Brüdern! Hat er keine Brüder, dann gebt seinen Erbbesitz den Brüdern seines Vaters! Hat sein Vater keine Brüder, dann gebt seinen Erbbesitz dem nächsten Verwandten aus seiner Sippe; er soll ihn erben. Das werde für die Israeliten zur Satzung und zum Rechtsentscheid, wie der HERR es Mose geboten hatte.

(Num 27,1–11; EÜ 2016)

****

Mehr als zweieinhalb Jahrtausende später findet auf Einladung von Papst Franziskus im Oktober des Jahres 2015 in Rom die XIV. Ordentliche Generalversammlung der Bischofssynode unter dem Thema »Die Berufung und Sendung der Familie in Kirche und Welt von heute« statt.

Unter den Synodenteilnehmenden waren neben anderen Fachleuten siebzehn Ehepaare als Gäste zugegen. Doch niemand außer den zölibatären geweihten Männern hatte Stimmrecht.

Gelebte und erlebte Erfahrung von Frauen sind Quellen, aus denen spezifische Ungerechtigkeiten erst identifiziert werden, Ungerechtigkeiten, die Frauen widerfahren, gerade weil sie Frauen sind.

Die Erzählung der fünf Töchter Zelofhads bildet den Ausgangspunkt für das Catholic Women Speak Network (CWSN), eine globale Bewegung von Frauen, die sich der Inklusion und Beteiligung von Frauen in allen Aspekten kirchlichen Lebens verschrieben hat.

Mit dem Buch »Bringing our gifts to the table« wurde das grobe Missverhältnis, dass eine Synode über die Familie ohne wirklichen Einbezug von weiblicher Expertise und Weltsicht abgehalten wurde, ins Wort gebracht.

Unter dem Leitwort »Women are their own liberators«[6] weiß das Catholic Women Speak Networt (CWSN) sich der reichen biblischen wie lehramtlichen Tradition verpflichtet. Drei Aspekte, die der Numerigeschichte der fünf Töchter Zelofhads entnommen sind, prägen die Bewegung:[7]

Einheit, egalitäre Beteiligung und gemeinsame Vision: Die Rede der Töchter Zelofhads umfasst fünf Sätze, was gerne so gedeutet wird, dass eine jede von ihnen jeweils einen

Satz gesprochen hat. Jede Stimme zählte – und das ist eine wichtige Lektion für die heutige kirchliche Frauenbewegung.

Kenntnis der Rechtssätze und ihrer Auslegung: Im Kampf um Gerechtigkeit kann Sachkenntnis in den behandelten Fragen durch nichts ersetzt werden.

Gottes Antwort schafft Gerechtigkeit: Mit der Grundsatzentscheidung der Erbberechtigung für Töchter wurde nichts weniger als die bis dahin geltende »Staatspolitik« geändert. Wo Frauen vorher nichts zählten, treten sie nun als Subjekte in die Erbverteilung ein. Diese Linie (»Der Mensch steht über dem Gesetz«) wird neutestamentlich in den Heilungen Jesu von Nazareth am Sabbat fortgeführt.

Katholische Frauen weltweit vertrauen darauf, dass Gott selbst eingreifen wird, um dem Unrecht und Leid, die Ausgrenzung und patriarchale Strukturen nach sich ziehen, ein Ende zu setzen.

****

Die Erzählung der Töchter des Zelofhad durchbricht das Programm unseres Buches, namenlose Frauen zu porträtieren. Die fünf Schwestern tragen in jeder Erwähnung ihre Namen, und sie sind die Akteurinnen der Szene. Sie haben sich gezeigt, sind mutig nach vorne getreten. Nicht unbedacht, sondern wohl vorbereitet und klug, nach gemeinsamer Beratung, im Vertrauen auf ihr Gerechtigkeitsempfinden – und im Vertrauen auf Gott, der den Unterdrückten Recht verschafft.

Dennoch wird kaum jemand die Namen aufzählen können, sie vielmehr stets als die Töchter Zelofhads titulieren. So stehen sie solidarisch an der Seite der Namenlosen.

4. MEIN VATER WAR MEIN HELD

Die Tochter des Jiftach (Ri 11,29–40)

Claudia Sticher

Jiftach, der Gileaditer, war ein tapferer Krieger, wenngleich er der Sohn einer Prostituierten war. Gilead zeugte Jiftach.
Darauf gebar die Frau Gileads diesem Söhne. Die Söhne der Frau wuchsen heran. Sie vertrieben Jiftach und sagten ihm: »Du sollst nicht erben in unserem Vaterhaus, denn du bist der Sohn einer anderen Frau!«
Jiftach wich vor seinen Brüdern und ließ sich im Land Tob nieder. Besitzlose Männer sammelten sich um Jiftach. Die zogen mit ihm aus.
Und es geschah nach einiger Zeit: Die Ammoniter kämpften mit Israel.
Und es geschah, als die Ammoniter mit Israel kämpften, gingen die Ältesten Israels hin, um Jiftach aus dem Land Tob zu holen. Sie sagten dem Jiftach: »Komm! Sei unser Anführer, damit wir gegen die Ammoniter kämpfen können!«
Jiftach sagte den Ältesten Gileads: »Habt nicht gerade ihr mich gehasst und mich aus meinem Vaterhaus vertrieben? Warum seid ihr also jetzt zu mir gekommen, da ihr in Not seid?«
Die Ältesten Gileads sagten zu Jiftach: »Ebendarum sind wir ja jetzt zu dir umgekehrt. Gehst du mit uns und kämpfst gegen die Ammoniter, so sollst du unser Haupt sein, über alle Bewohner Gileads.«
...

Da ging Jiftach mit den Ältesten Gileads. Das Volk setzte ihn zum Haupt und zum Anführer über sich ein. Jiftach redete all seine Worte vor JHWH in Mizpa.

...

Der Geist JHWHs kam über Jiftach, er zog durch Gilead und Manasse, dann zog er nach Mizpe Gilead, und von Mizpe Gilead zog er gegen die Ammoniter.

Jiftach gelobte JHWH ein Gelübde. Er sagte: »Wenn du die Ammoniter tatsächlich in meine Hand gibst, dann soll geschehen: derjenige, der heraustritt, wer auch immer heraustreten mag, mir entgegen aus der Tür meines Hauses, wenn ich wohlbehalten von den Ammonitern zurückkehre – gehören wird er JHWH, und ich werde ihn als Brandopfer darbringen.«

Jiftach zog hinüber gegen die Ammoniter, um gegen sie zu kämpfen. JHWH gab sie in seine Hand.

...

Jiftach kam nach Mizpa zu seinem Haus. Da – seine Tochter trat heraus ihm entgegen mit Handtrommeln und in Reigentänzen. Sie war auch noch Einzelkind: außer ihr hatte er weder Sohn noch Tochter.

Und es geschah, sobald er sie erblickte, zerriss er seine Gewänder und sagte: »Ach, meine Tochter! Ganz in die Knie gezwungen hast du mich! Gerade du hast dich zu meinen Schädigern gesellt, habe ich doch meinen Mund zu JHWH hin aufgerissen und kann nicht zurück!«

Sie sagte zu ihm: »Mein Vater, du hast nun einmal deinen Mund zu JHWH hin aufgerissen. Tu mit mir, wie es aus deinem Mund herausgekommen ist, nachdem JHWH dir Rache an deinen Feinden, an den Ammonitern, bereitet hat.«

Sie sagte zu ihrem Vater: »Folgende Sache soll mir getan werden: Lass noch zwei Monate ab von mir, dass ich hingehen und

auf die Berge hinabsteigen und dass ich meine Jungfrauschaft beweinen kann, ich und meine Gefährtinnen.«
Er sagte: »Geh!« Und ließ sie für zwei Monate fort. Da ging sie mit ihren Gefährtinnen hin, und beweinte auf den Bergen ihre Jungfrauschaft.
Und es geschah am Ende von zwei Monaten: Sie kehrte zu ihrem Vater zurück. Er vollzog an ihr sein Gelübde, das er gelobt hatte. Sie hatte aber noch keinen Mann erkannt. Sie wurde zu einem Brauch in Israel: Jahr für Jahr gehen die Töchter Israels hin, von der Tochter des Gileaditers Jiftach zu singen, vier Tage im Jahr.
(Groß)

Mein Vater war mein Held!
Stark, zuverlässig, unfehlbar.

Jiftach, mein Vater, der Sohn Gileads, ist der Einzige in unserer Geschichte, der seinen Eigennamen trägt. Was mag ihm das später Genugtuung bereitet haben, ihm, der zeitlebens an dem Makel litt, von einer Prostituierten und damit unehrenhaft geboren zu sein.
Selbst der Ammoniterkönig – der König! – bleibt namenlos. Und namenlos bleibe auch ich, seine Tochter.
Doch halt! Nun bin ich mitten hineingesprungen in die Geschichte. Verzeiht mir. Ich habe keine Zeit zu verlieren. Wenn Gott es so will – ja, ihr lest richtig: Wenn Gott es so will –, dann sind dies meine letzten Tage. Doch ich will euch nicht anstecken mit meiner Atemlosigkeit, will mich zusammenreißen und vorne anfangen, wie es sich nun einmal gehört.
Die Ammoniter bedrängten und bedrohten Gilead. Wieder einmal Kriegsgefahr. Wer sollte für unseren Stamm in den Kampf ziehen? Das Volk wartete, ob JHWH selbst sich den

Anführer erwählen wolle. Oft hatte er in einem Führer seinen Geist erweckt, seit wir in diesem Gebiet siedeln. Es war unser gelobtes Land. Heiliger Eid!

Doch dieses Mal blieb ER stumm. So nahmen sie die Sache selbst in die Hand, die Ältesten Gileads, und gingen zu Jiftach, der sich fern des Stammes an der Spitze seiner Männer einen Namen als Anführer gemacht hatte. In Tob suchten sie ihn auf, an seinem Zufluchtsort.

Zuflucht oder Exil? Alle wussten, welche Umstände ihn nach Tob gebracht hatten. Vermutlich wäre er nie losgekommen von der Geschichte, wie die Halbbrüder ihn aus dem Haus vertrieben, damit er nicht mit ihnen gemeinsam den Besitz erbe. Damit wurde er sozial völlig entwurzelt, ein gesellschaftlicher Außenseiter. Dableiben war unmöglich; er ging bis ins Gebiet von Tob. Männer, Freischärler wie er, besitzlos und entwurzelt, scharten sich um ihn. Er musste damals schon starke Führungsqualitäten gehabt haben.

Die Zeit dort löste ihn aus den Banden des Stammes und machte ihn zu dem Kämpfer, den sie jetzt brauchten.

»Der Untergebene muss laufen.« – Jeder kannte diesen alten Spruch, weshalb es sich verbot, einfach nur einen Abgesandten zu schicken, Jiftach zur Heimkehr zu bewegen. Nein, die Ältesten Gileads selbst nahmen den Weg auf sich und erwiesen ihm so die Ehre.

Sie sparten nicht mit Lob und Schmeichelei, nannten ihn sogleich »tapferer Held«, stellten ihn damit in eine Linie mit David, Naaman und Boas.[8]

Da konnte er nicht anders.

Stand ich in seinem Schatten? Welche Tochter tut das nicht … bis dann sein Gelübde mich in den Mittelpunkt der Geschehnisse rückte.

Aber daran zweifeln? An ihm zweifeln?

Das hat uns hierhergebracht. Darum sind wir hier. Wir sitzen in den Bergen; eine letzte Frist, bevor ich euch, meine Freundinnen, nicht mehr sehen werde.
Zusammen vergossene Tränen sind immer noch Tränen. Schlimmer sind die allein geweinten. Auch von diesen wüsste ich zu erzählen.
Ich danke euch für eure Begleitung.

> Gefährtin:
> Nun ergreife das Wort, Freundin, und erzähle uns. Nein, besser noch: Sing es uns, denn singend wurde dein Schicksal besiegelt.
> Jede von uns lernt die Tänze und das Trommeln, wir alle sind Töchter Mirjams! Wer die Geschichte mit der Trommel untermalt, verschafft sich Gehör und Gedächtnis. Sing, du Einzige Jiftachs, sing!

Mir gehorcht die Hand nicht, die Leier zu schlagen, auch finde ich in keinen Gleichklang hinein. Lasst mich erzählen, so gut ich es eben vermag:
Der Geist unseres Gottes JHWH kam über Jiftach, meinen Vater, als er gegen die Ammoniter zog. Nicht JHWH selbst hatte ihn zum Anführer erwählt, sondern die Ältesten. Aber Gott wollte sein Volk Israel, unseren geliebten Stamm Gilead, nicht ohne einen starken Kriegsherrn lassen und beglaubigte die Wahl.
War es eben dieser Geist, der ihn zum Gelübde drängte? War Jiftach also besonders ergriffen, oder wollte er sich im Gegenteil absichern, weil er nicht genug vertraute? Wer weiß schon, wann die Absichten lauter sind, die eigenen oder die eines anderen. Der Sieg musste her, koste es, was es wolle. Jedenfalls tat er den Mund auf und gelobte aus freien

Stücken, zum Brandopfer darzubringen, wer auch immer ihm aus der Tür seines Hauses entgegentreten würde.
In seinen Augen überließ er damit die Wahl dem Höchsten. Dieser solle sich ausersehen, was ihm zum Opfer genehm sei. Koste es, was es wolle – es würde ihn die Zukunft kosten und mich das Leben.
Doch zuerst berauschte ihn der Sieg. Jiftach zog gegen die Ammoniter und JHWH gab sie in seine Hand. Alles, was er sich fern der Heimat angeeignet hatte – ja, auch mit Männern von zweifelhaftem Ruf – gereichte nun Israel und Gilead zur Ehre. Sie setzten ihn nicht nur zum Anführer ein, der für sie an der Spitze der wehrfähigen Männer in den Kampf zieht, nein, seinen Preis hatte er nach oben gehandelt: Mit dem Sieg wurde er auf Dauer zu ihrem Oberhaupt. Er kostete die Siegesfeiern aus. Lange schon erwarteten wir ihn. Wie heute wart ihr bei mir, meine Freundinnen, den Kriegsheld mit mir zu empfangen, meinen geliebten Vater. Welche von uns Mädchen würde alleine tanzen und wie dürftig wäre ein einziges Tamburin an einem solchen Tag? Ich als sein einziges Kind führte den Tanz an, wer auch sonst?
Als er mich sah, erschrak er. Er erschrak wirklich. Hätte er sich die Szene nicht vorher ausmalen müssen? Kannte er mich so wenig, dass er glauben konnte, ich hätte ihm nicht selbst als Vortänzerin die Ehre erwiesen, sondern Mägde, Freundinnen, Nachbarinnen vorgeschickt? Hattest du mein Bild nicht vor Augen, Vater, als du heimkamst? Wer auch immer ihm aus der Tür seines Hauses entgegentreten würde, den hatte er zum Brandopfer gelobt. – Aus freien Stücken!

Gefährtin:
Aus freien Stücken? Glaubst du das, meine Freundin? Alles, wirklich alles wollte Jiftach tun, sein Volk zu retten. Wer unserem Gott, gepriesen sei Sein Name, in der Not ein Gelübde ablegt, der zeigt sein Vertrauen auf Gottes Hilfe. ER allein kann retten und im Kampf den Sieg verleihen.

Und ich? – Bestimmt zum Brandopfer …
Lass mich erzählen, solange ich es noch kann … denn nun kommt der schwerste Moment. Mein Vater sieht mich und zerreißt seine Gewänder, bricht in Klage aus. Um mich – werdet ihr denken, dachte auch ich. Doch stattdessen klagt er mich an, mich!
»In die Knie gezwungen hast du mich, dich zu meinen Schädigern gesellt, habe ich doch meinen Mund aufgetan zu JHWH und kann nicht zurück.«
Sich selbst stellte er in das Licht der Geschichte, mich wollte er in die Zone des Schattens drängen.
Ihn geschädigt, den siegreichen Kämpfer in die Knie gezwungen – ich?
Da zerbrach etwas.

Stark, zuverlässig, unfehlbar.

Wo nahm ich die Stärke her zu antworten? Grund zu verstummen war ja da, wie das Lamm vor der Schlachtbank seinen Mund nicht auftut. Doch ich sagte zu ihm: »Mein Vater, du hast nun einmal deinen Mund zu JHWH hin aufgetan. Tu mit mir, wie es dein Mund gelobt hat, nachdem JHWH dir Rache an deinen Feinden, an den Ammonitern, bereitet hat.«

Musste ich ihm sagen, wie unbedingt ein Gelübde zu halten ist? Einmal ausgesprochen, kann das Wort nicht zurückgenommen werden, wirkmächtiges Wort. Alle Weisheitslehrer warnen vor übereilten Gelübden. Unser Wort ist unsere stärkste Waffe, das wissen wir Frauen besser als die Männer, die sich auf ihre geschmiedeten Waffen stützen. Aber Worte töten oder machen lebendig. Mich würde das Wort meines Vaters töten. Ihn auch, jedenfalls das Fortleben seines Namens, denn er konnte nicht auf weitere Nachkommenschaft hoffen.

Gefährtin:
Nun gehst du selbst in den Pfaden eines siegesberauschten Helden, der seinem Haus Bestand verleihen will. Aber allein JHWH ist König über Israel und regiert uns bis ins fernste Geschlecht! Das ist unsere Erwählung vor allen anderen Völkern. Die geistbegabten Führer, Richter und Regenten traten wieder zurück in den Schatten der Geschichte, sobald sie unserem Volk Ruhe vor den Feinden verschafft hatten.

Unterbrich mich nicht, Gefährtin meiner Jugend, nicht jetzt. Darf er mir nicht leidtun, mein Vater, gefangen in der Bringschuld seines Gelübdes, nachdem JHWH Seinen Teil erfüllt hat? Um meinetwillen sollte er nicht den Höchsten betrügen, denn Wortbruch wäre es gewesen, vom Gelübde zurückzutreten.

… Aber nicht jetzt. Nicht heute schon. Eine letzte Zeit fernab vom Vaterhaus, das ich nun niemals als Braut verlassen würde.

Ich dachte an der Schwelle zu stehen in einen neuen Lebensabschnitt. An der Schwelle stehe ich, doch nicht an der zum Leben.
So sagte ich zu meinem Vater: »Folgende Sache soll mir getan werden:« – erst viel später wurde mir klar, wie ich mich damit von ihm löste, alle meine Kraft aufbot, um kein Opfergegenstand, kein Ding zu sein, sondern mich selbst nicht zu verlieren – »Lass noch zwei Monate ab von mir, dass ich hingehen und auf die Berge hinabsteigen und dass ich meine Jungfrauschaft beweinen kann, ich und meine Gefährtinnen.«
Er sagte: »Geh!« Und ließ mich fort.
Nur ein einziges Wort rang er sich ab, Jiftach, der vor dem Höchsten seinen Mund aufgetan hatte und dessen Wortgefecht mit dem Ammoniterkönig an den Feuern die Runde machte.
Ein einziges Wort für mich.
Das hat uns hierhergebracht. Darum sind wir hier.

Gefährtin:
Weine nicht länger, meine Freundin. Denk an Abraham und Isaak. Waren sie nicht in der gleichen Lage wie dein Vater Jiftach und du? An Isaak hing die ganze Verheißung, war er doch der einzige Sohn. Und du bis die Einzige deines Vaters. Du kennst die Geschichte nur zu gut: Abraham und Isaak, sie gingen, zusammen, sie beide. Sie stiegen auf den Berg und der Engel JHWHs errettete den Sohn der Verheißung.

Sind nicht die Unterschiede größer als die Gemeinsamkeiten? Abraham wurde das Opfer von JHWH abverlangt, Jiftach gelobte aus freien Stücken. Abraham ließ seinen

Sohn Isaak im Ungewissen über den Opferbefehl; mir ersparte der Vater dieses Wissen nicht. Isaak stellte dem Vater nur eine einzige Frage, wo denn das Lamm zum Opfer sei, und ließ ansonsten alles still geschehen.
JHWHs Engel hinderte im letzten Moment die Hand Abrahams … was wird Jiftachs erhobene Hand tun?
Und: Ich löste die Gemeinschaft mit dem Vater auf, um allein in die Berge zu gehen. Nicht allein, natürlich, sonst wäret ihr nicht hier, meine Freundinnen, aber doch allein, ohne den Vater, dessen Eid mein Schicksal bestimmt. Still zu bleiben wie Isaak – mir unmöglich.
Ich verstehe das Schweigen des Höchsten nicht. Einst hat ER Kinderopfer ausdrücklich untersagt. Wir sollen anders sein als alle anderen Völker. Mose proklamierte an seinem Todestag alle Gesetze und Rechtsvorschriften, die uns zum heiligen Volk JHWHs machen und die uns unterscheiden von allen anderen Völkern. Er schärfte uns ein: »Wenn du dem Herrn, deinem Gott, dienst, sollst du nicht das Gleiche tun wie die Völker; denn sie haben, wenn sie ihren Göttern dienten, alle Gräuel begangen, die der Herr hasst. Sie haben sogar ihre Söhne und Töchter im Feuer verbrannt, wenn sie ihren Göttern dienten.«[9]
Sollte ich weniger zählen als ein greinender Säugling? Denn nur solche opferten die anderen Völker. Ich bin eine heiratsfähige junge Frau!

Gefährtin:
Verzage nicht, meine Freundin!
Noch nie hat man vom Brandopfer eines erwachsenen Menschen gehört! Du wirst sehen, wie dein Vater dich auslösen wird. Denn auch das setzte Mose fest für alle Zeiten, um welchen Wert eine durch Eid gelobte Person

ausgelöst wird: »Will jemand ein Gelübde für den HERRN einlösen, das er nach dem Richtwert für Personen abgelegt hat, so gilt für einen Mann zwischen zwanzig und sechzig Jahren ein Richtwert von fünfzig Silberschekel, nach dem Schekelgewicht des Heiligtums, für eine Frau ein Richtwert von dreißig Schekel, für einen Jugendlichen zwischen fünf und zwanzig Jahren, wenn es ein Junge ist, ein Richtwert von zwanzig Schekel, wenn es ein Mädchen ist, ein Richtwert von zehn Schekel, für einen Knaben zwischen einem Monat und fünf Jahren ein Richtwert von fünf und für ein Mädchen ein Richtwert von drei Silberschekel. Ist derjenige, der das Gelübde gemacht hat, nicht in der Lage, den Richtwert zu bezahlen, dann soll er die Person dem Priester vorstellen. Dieser soll den Richtwert nach Maßgabe dessen, was der Gelobende aufbringen kann, feststellen.«[10]
Da hast du es. Und arm ist Jiftach nun wirklich nicht.

Kameradin:
Selbst schädliche oder unbesonnene Eide kann man auslösen, kennt ihr die Bestimmung nicht?
»Oder jemand schwört unbesonnen, ob zum Schaden oder zum Nutzen, wie eben der Mensch bisweilen unbesonnen schwört, und es bleibt ihm zunächst verborgen, aber dann erkennt er es und ist schuldig in einem dieser Fälle – wenn also jemand in einem dieser Fälle schuldig ist, so soll er bekennen, wodurch er sich verfehlt hat. Als Schuldopfer für seine begangene Sünde soll er dann ein weibliches Stück Kleinvieh, ein Schaf oder eine Ziege, vor den HERRN als Sündopfer bringen und der Priester soll für ihn von seiner Sünde Versöhnung erwirken.«[11]

Aber warum sagt er nichts? Nur dieses »Geh!«. Nur bei euch finde ich noch etwas Hoffnung und Trost, ihr Töchter Jerusalems.
Singt für mich, meine Freundinnen, singt das Lied vom Kreterkönig Idomeneus, der ein Gelübde in Seenot tat. Dem lief sein Sohn entgegen, als er festes Land erreichte.
Singt für mich das Lied von Agamemnon, der gelobte, die schönste Frucht des Jahres zu opfern.[12]

Freundin:
Glaubst du nicht, meine Freundin, du willst lieber das Lied der geretteten Iphigenie hören als den Klagegesang ihres Vaters, den du mit Jiftach vergleichst? Trost will ich dir schenken, deshalb höre die Worte der Iphigenie. Glücklich ist sie nicht, fernab der Heimat, aber am Leben, nachdem die Göttin sie vom Opferaltar entrückt. Sie sei dir Vorbild:
[...] Mein Vater führte
Der Griechen Heer. In Aulis harrten sie
Auf günst'gen Wind vergebens: denn Diane,
Erzürnt auf ihren großen Führer, hielt
Die Eilenden zurück und forderte
Durch Kalchas Mund des Königs ältste Tochter.
Sie lockten mit der Mutter mich in's Lager;
Sie rissen mich vor den Altar und weihten
Der Göttin dieses Haupt. – Sie war versöhnt;
Sie wollte nicht mein Blut, und hüllte rettend
In eine Wolke mich; in diesem Tempel
Erkannt' ich mich zuerst vom Tode wieder.
Ich bin es selbst, bin Iphigenie,
Des Atreus Enkel, Agamemnons Tochter,
Der Göttin Eigentum, die mit dir spricht.[13]

Gefährtin:
Such' nicht Heil bei den anderen Völkern! Nur einen Gott gibt es! Bleib hier, auch in Gedanken! Das versammelte Volk wird für dich eintreten, so wie sie Jonatan vor dem Schwur seines Vaters gerettet haben: Du kennst doch die Geschichte. Wieder einmal geriet unser Volk in Bedrängnis, unter König Saul kämpften sie gegen die Philister. Wie Jiftach legte Saul einen Schwur ab, indem er sagte: »Verflucht sei jeder, der vor dem Abend etwas isst, bevor ich mich an meinen Feinden gerächt habe.« Das Volk nahm also bis zum Abend keine Nahrung zu sich. Sein Sohn Jonatan aber hatte nicht gehört, wie sein Vater das Volk beschwor. Er sah im Wald Honig, tauchte seinen Stock mit der Spitze in eine Honigwabe und aß davon. – Sag, Tochter des Jiftach, musste er etwa sterben? – Nein, das Volk trat für ihn ein und sorgte dafür, dass ihm kein Haar gekrümmt wurde.[14]

Kameradin:
Wenn du, das einzige geliebte Kind, in deine Opferung einwilligst, dann wirst du für alle Zeiten Vorausbild für etwas Größeres sein, etwas, das erst noch kommt.

Freundin:
Du wirst es sehen, JHWH bleibt nicht schweigend!

Am Ende der zwei Monate kehrte sie zu ihrem Vater zurück.

****

Die spielerische Auslegung der Episode kommt damit an eine Grenze. Im biblischen Text wird die Brandopferung der Tochter lakonisch mitgeteilt. In Frage gestellt wird sie nicht: »Er vollzog an ihr sein Gelübde, das er gelobt hatte.« (11,39).

Unerträglich, monströs.

Der buchstäbliche Sinn für sich allein genommen führt in die Ausweglosigkeit der Gewalt. Angewidert möchte man das Buch – das heilige Buch! – zuschlagen. Ja, die Bibel erzählt von der Welt, wie sie nun einmal ist, voller Gewalt. Seit Jiftach sich zum Oberhaupt Gileads hat ernennen lassen, bringt er nichts als den Tod, erst den Ammonitern, dann seiner Tochter, dann schließlich der unglaublichen Zahl der 42.000 Mann aus Efraim.

»Der Text scheint [...] sein eigenes Wort nicht sagen zu können, sondern zur Projektionsfläche für die Selbstspiegelung des Lesers zu werden.«[15]

Ein exegetischer Durchgang mag dazu verhelfen, die Gestaltungselemente und damit den »Hintergrund« der Jiftach-Episode intensiver zu beleuchten. Möglicherweise ist die Zielabsicht der Erzählung vielschichtiger und subtiler, als die erste und spontane Empfindung vermutet.

Wie sagt nun der Text sein eigenes Wort?

Im Kriegsgelübde der Jiftach-Episode wird ein internationales Sagenmotiv verarbeitet. Seine Wirkung entfaltet es aus der Vagheit des Versprechens, nämlich das Erste oder Beste zu weihen, und dem Entsetzen, das den Gelobenden überfällt, wenn er sieht, was er vollziehen muss: den Sohn oder die Tochter darbringen.[16]

Allein schon dadurch wird diejenige Ebene des Textes, die als buchstäblicher oder Literalsinn bezeichnet wird, überschritten und der Horizont geweitet. Die biblische Erzählung interessiert sich überhaupt nicht für das persönliche Schicksal der Tochter, denn sie will mehr (und anderes) als ein privates Desaster erzählen.[17] Ein »historisches« Geschehen soll durchsichtig werden auf etwas, das ganz Israel betrifft. Nicht momentan und lokal begrenzt, sondern im Gegenteil durch ein jährliches rituelles Erinnern und Begehen entgrenzt.

Wir lesen die Geschichte von Jiftachs Tochter in einem Zusammenhang, denn so will sie gelesen werden. Nicht als eine singuläre und ganz und gar furchtbare Geschichte, sondern als Stufe einer Abwärtsspirale, die das Richterbuch erzählt.

Wieder und wieder fällt das Volk von seinem Gott JHWH ab. Irgendwann kommt jeweils der Wendepunkt und JHWH erweckt in einem Retter, Anführer oder Regenten seinen Geist, beruft also eine charismatische Führungspersönlichkeit für die aktuelle Notlage. Jiftach allerdings ist der erste Anführer in dieser langen Reihe, der gerade nicht von JHWH erwählt und berufen wird. Er verdankt seinen Auftrag den Ältesten Gileads und dem Volk.

Wer den biblischen Text verstehen will, der darf über Kleinigkeiten nicht hinweggehen, und der braucht den ausdauernden Blick auf das feine Netz von Hinweisen und Verbindungslinien, die seinen Blick und sein Verständnis leiten sollen. Nur dann wird der Text sich bei den Adressaten entfalten: Die Sinnkonstitution wird durch intertextuelle Einspielung erreicht. Damit ist gesagt, dass ein biblischer Abschnitt nie für sich allein steht, sondern im Gesamt der Bibel, des biblischen Kanon.

Zahlreiche wörtliche Zitate aus bedeutsamen Passagen der Tora lassen sich identifizieren, allerdings nur von einer torabewussten Hörerschaft, die solche Textzitate bemerkt und erkennt. Wo dies geschieht, baut das intertextuelle Spiel den Sinnhorizont auf, innerhalb dessen ein Abschnitt verstanden werden will. Staunend und hin und wieder etwas kleinlaut ahnen wir, wie textkundig die ersten Adressaten – torafromme jüdische Hörerinnen und Hörer – gewesen sein müssen. Wir hingegen sind darauf angewiesen, die Parallelstellenverweise in den Bibelausgaben und bibelwissenschaftliche Fachliteratur zu Rate zu ziehen.
In seiner Monografie »Jiftach und die Tora« sieht der Alttestamentler Dieter Böhler anhand auffälliger Parallelen und Anspielungen die ganze Jiftachepisode als Reinszenierung der Tora, genauer von Num 20–22. Das beeinflusst den Auslegungshorizont, markiert Hör- und Leselenkung durch massive Textsignale.
Angesichts der bevorstehenden Schlacht legt der Feldherr ein Gelübde ab. Jiftach zitiert wörtlich Num 21,2.
Die feierlich getragene Form des Gelübdes, in dem die entscheidenden Stichwörter: »geloben, geben, herauskommen, Brandopfer« alle je doppelt erscheinen, spricht gegen ein unüberlegtes, voreiliges Versprechen. So formuliert man keine Unbedachtsamkeit. Und auch keine Kleinigkeit. Die eingespielten Texte machen früh klar, »dass Jiftachs Gelübde höchstwahrscheinlich auf ein Menschenopfer hinausläuft, keineswegs aber legen sie nahe, dass es ein tadelnswertes würde, eins das Jhwh und der Hörer missbilligen würden. Wie in einem Krimi hofft der Hörer / Leser einfach, dass es einen Bösewicht trifft (wie Eglon oder Abimelech); dann wäre die Sache schon in Ordnung.«[18] Das

Gelübde an sich ist etwas Heiliges, genau davon lebt ja die ganze Erzählung.

Bereits hier erfolgt eine erste Lenkung, weil nämlich im Sinne einer Leerstelle nichts darüber berichtet wird, ob JHWH das Gelübde Jiftachs erhört.[19] Der Numeribezug – dort steht: »und JHWH hörte auf die Stimme Israels« – lässt die Frage aufkommen, wieso keine Erhörung Jiftachs berichtet wird. – Findet er keine Erhörung?

Im östlichen Mittelmeerraum gibt es, wie erwähnt, zur Abfassungszeit längst die Sage vom Vater, der in höchster Not ein Opfergelübde unbestimmten Inhalts ablegt und daraufhin seinen Sohn oder seine Tochter opfern muss.[20]

Doch das Opfer der Jiftach-Episode will keineswegs nur allgemein in einem hellenistischen Kontext verstanden werden, sondern innerbiblisch – Isaak, Aaron und Mirjam blitzen hinein in die Szene: Durch die eindrückliche Betonung des »einzigen Kindes« innerhalb eines Brandopferkontextes auf einem Berg wird die Brücke geschlagen zur Bindung Isaaks (Gen 22). Das Siegeslied der Mirjam – mit Handpauken und Reigentanz – bildet den Hintergrund für den Zug der Tochter, bei dem man sich fragt, wie denn ein einzelnes Mädchen wohl mehrere Handpauken schlägt und alleine einen Reigen tanzt. Und dann lässt die auffällige Formulierung »hinabsteigen auf die Berge« stolpern und spielt diejenige Erzählung ein, wo gleichlautend eine Sterbeszene beschrieben wird: Aarons vorzeitiger Straftod. Dort nimmt Mose, der Bruder Aarons, hier Jiftach, der Vater, die rituellen Handlungen vor.[21]

»Gen 22 und Ex 15 sind derart schwergewichtige Texte der Tora, dass ein Wort genügen kann, um den Gehalt des Kapitels aufzurufen. Das Spiel des Autors mit diesen unver-

meidlich assoziierten Texten zeigt mindestens, dass er wesentlich mit intertextuellen Bezügen zur Tora arbeitet.«[22]
Während man gespannt von der Schlacht – und hoffentlich dem gottgewirkten Sieg – zu hören hofft, kommt es gegen diese Erwartung zu einem neuen erzählerischen Höhepunkt, der Gelübde-Erzählung.
Ebenso unerwartet wie dieser Blickwechsel und neue Fokus ist die Erwähnung des Hauses in Mizpa. Sah man nicht Jiftach in den Zelten eines Feldlagers, seit er aus Tob geholt wurde?
Ohne das Haus aber würde die Erzählung nicht auf ihre Sinnspitze zulaufen können. Im Hebräischen klingen »sein Haus« (Haus: bet) und »seine Tochter« (Tochter: bat) recht ähnlich. Narrativ werden sie denkbar eng aneinandergebunden: »Jiftachs Haus hat im weiteren Verlauf der Erzählung keinen anderen Inhalt als eben diese Tochter.«[23]
Teilen wir damit den schockstarren Tunnelblick des Jiftach auf die tanzende Tochter? Oder wird dadurch das Mädchen bewusst durchsichtig, als Verkörperung eines Kollektivs vorgestellt?
Wie Isaak ist sie die Einzige, und genau durch die Isaak-Parallele wird die Lenkung auf Israel als Kollektiv verstärkt. In der tanzenden Tochter ist das ganze Israel verkörpert, das den Sieg über Ammon feiert. Isaaks Opfertod wäre Israels Ende gewesen; was ist mit dem drohenden Tod der Tochter?
In ihr feiert Israel einen von Gott geschenkten Sieg, »ohne zu ahnen, dass der Richter, der Regent sein ›Haus‹ ›verwettet‹ hat, dem Untergang geweiht hat.«[24] Obwohl die Handpauken und Reigentänze die Tochter Jiftachs in die Nähe Mirjams rücken, ist ihr Sterben eine Folge des Versagens der Regenten Israels – ihres Vaters – und dementsprechend

läuft die Parallele jetzt zum Sterben Aarons, nicht der Mirjam.[25]

Jiftach wird durch zahlreiche Verweise und Bezüge auf die Führung Israels hin lesbar, seine Tochter auf das Volk.

Aufgrund der Parallele in Numeri lernt die Hörerschaft, wenn sie es nicht schon wusste, dass Jiftach die Feinde dem Herrn hätte weihen sollen, nicht das eigene Haus![26]

»Jiftach gefährdet mit seinem gegenüber dem Numeridrehbuch pervertierten Gelübde [dort werden die Feinde zum Opfer bestimmt, C.S.] nicht nur als Vater sein Haus, sondern als Regent Israels das Haus Israel. Der Erzähler möchte, dass der Hörer in Jiftach Israels Führung sieht, die [...] die Existenz des eigenen Volkes riskiert. In Jiftachs namenloser Tochter, die im Kriegsgelübde ausgetauscht wird gegen die Städte des Feindes, soll er ›die Stadt‹ Israels sehen, die die Führung riskiert, deren Zerstörung sie zu verantworten hat, die ›Jungfrau Tochter meines Volkes‹, um die Jeremia in Jer 14,17 klagt. Das jährliche Begängnis, mit dem ihrer und ihrer Tragik gedacht wird, ist ein öffentliches Ereignis, keine Familienangelegenheit.«[27]

Jiftachs Tochter erleidet kein Privatschicksal, sondern sie steht als Symbol für Überpersönliches, für Israel und Jerusalem.[28] »Der Regent riskiert, dass ›sein Haus‹ verbrannt wird (12,1), er ruiniert das Volk im Bürgerkrieg.«[29]

Die Jiftach-Geschichte gehört zu denjenigen Texten der Heiligen Schrift, die einen innerbiblischen Dialog führen und führen wollen – und die nur in diesem Zusammenklang verstanden werden können.

Bis heute begeht das Judentum »vier Tage des Fastens« in Erinnerung an die Zerstörung Jerusalems.[30] So gibt der

Text selbst den Hinweis zum Dechiffrieren, indem deutlich wird, auf wen das Symbol der Tochter Jiftachs verweist.
Die jährlich beweinte Tochter Jiftachs bleibt namenlos, obwohl sie rituell in Israels Erinnerung eingeschrieben ist. Bedeutet die Namenlosigkeit eine Herabwürdigung?
Innerhalb der Erzählung wird der Tochter immenser Respekt gezollt, immerhin wird ihr Gedächtnis begangen, nicht das ihres Vaters. Er verschwindet dagegen völlig.
Das scheinbare Paradox einer namenlosen Hauptfigur[31] ist nicht einmal selten, und es beschränkt sich nicht auf weibliche Figuren. Anonymität ist auch in der Jiftach-Episode kein Frauenmonopol, bleiben doch alle Figuren – seine Mutter, seine Brüder, die Ältesten, der Ammoniterkönig – außer ihm namenlos.
Namenlosigkeit zieht Bedeutungslosigkeit nicht zwangsläufig nach sich.
Wer würde etwa denken, der Verfasser des Johannesevangeliums wolle den »Jünger, den Jesus liebte« oder »die Mutter Jesu« herabwürdigen? Zweifellos kannte er ihre Namen. Wenn er sie dennoch systematisch namenlos hält, so hat dies narrative Funktion: Sie werden offen gehalten für weitere Identifikationen, wie nämlich ein »Idealjünger« sein solle.[32]
Die Tür steht einladend offen, damit wir eintreten können in den Text und die Welt und Wirklichkeit, welche die Texte konstituieren.

5. GESCHÄNDET – EIN KLAGEPSALM

Die Nebenfrau des Leviten aus Efraim (Ri 19,1–30)

Hildegard König

Und es war in jenen Tagen – einen König gab es damals nicht in Israel – es war ein Mann, ein Levit, als Fremder lebend im entferntesten Teil des Gebirges Efraim. Der nahm sich eine Frau, eine Nebenfrau aus Betlehem Juda.
Seine Nebenfrau wurde zornig auf ihn, sie ging von ihm fort in das Haus ihres Vaters nach Betlehem Juda und war dort schon eine Zeit lang, vier Monate.
Da machte sich der Mann auf und ging ihr nach, ihr zu Herzen zu sprechen, um es umzukehren. Der Vater der jungen Frau sah ihn und freute sich ihm entgegen. Sein Schwiegervater, der Vater der jungen Frau nötigte ihn. So blieb er drei Tage bei ihm. Sie aßen und tranken und übernachteten dort.

...

Er machte sich auf und ging weg ... bei sich ein Paar gesattelter Esel und seine Nebenfrau.

...

Da ging ihnen die Sonne unter bei Gibea, das zu Benjamin gehört. So bogen sie dort ab, um hineinzugehen, in Gibea die Nacht zu verbringen. Er ging hinein und blieb auf dem Platz der Stadt. Aber es war niemand da, der sie in sein Haus aufnahm.

Doch da: ein alter Mann kam am Abend von seiner Verrichtung, vom Feld her – der Mann stammte aus dem Gebirge Efraim. Er lebte als Fremder in Gibea …
Er erhob seine Augen und sah den Reisenden auf dem Platz der Stadt. Der alte Mann sagte: »Wohin gehst du und woher kommst du?«
Da sagte er zu ihm: »Auf der Durchreise sind wir von Betlehem Juda zum entferntesten Teil des Gebirges Efraim. Von dort stamme ich. Ich bin bis Betlehem Juda gegangen und nach Hause bin ich unterwegs. Aber es ist niemand da, der mich in das Haus aufnimmt, obgleich sowohl Stroh als auch Futter für unsere Esel vorhanden ist, und sowohl Brot als auch Wein da ist für mich und für deine Magd und für den Burschen bei deinen Knechten: es somit an gar nichts mangelt!«
Der alte Mann sagte: »Friede sei mit dir! Jedenfalls dein gesamter Bedarf sei meine Sorge! Nur auf dem Platz bringe nicht die Nacht zu!«
Er ließ ihn in sein Haus kommen, gab den Eseln Mischfutter. Sie wuschen sich die Füße und aßen und tranken.
Während sie es ihrem Herzen gut gehen ließen, da: die Männer der Stadt, nichtsnutzige Leute, hatten, an die Tür schlagend, das Haus umzingelt. Sie sagten zu dem alten Mann, dem Hausherrn: »Führe den Mann heraus, der in dein Haus gekommen ist, damit wir ihn erkennen!«
Der Mann, der Hausherr, ging zu ihnen hinaus und sagte zu ihnen: »Nicht doch, meine Brüder, tut nichts Verwerfliches! Nachdem dieser Mann nun einmal in mein Haus gekommen ist, begeht nicht diese Schandtat!
Da – meine jungfräuliche Tochter und seine Nebenfrau. Ich will ja sie herausführen. Vergewaltigt sie! Verfahrt mit ihnen, wie es gut ist in euren Augen! Diesem Mann aber dürft ihr diese Schandtat nicht antun!«

Aber die Männer wollten nicht auf ihn hören. Da packte der Mann die Nebenfrau und führte sie zu ihnen auf die Straße hinaus. Sie erkannten sie. Sie trieben ihren Mutwillen mit ihr die ganze Nacht bis zum Morgen und schickten sie fort, als die Morgenröte aufging.
Die Frau kam beim Morgengrauen. Sie brach an der Tür des Hauses des Mannes, in dem ihr Eheherr war, zusammen und blieb bis zum hellen Tag liegen.
Ihr Eheherr stand am Morgen auf, öffnete die Türen des Hauses und trat hinaus, um seines Weges zu gehen. Da – die Frau, seine Nebenfrau, lag am Eingang des Hauses, die Hände auf der Schwelle.
Es sagte zu ihr: »Steh auf! Wir wollen gehen!« Aber keiner antwortete. Da lud er sie auf den Esel. Dann machte er sich auf und ging an seinen Ort.
Er trat in sein Haus ein, nahm ein Messer, packte seine Nebenfrau und zerstückelte sie Glied für Glied in zwölf Stücke und schickte sie im ganzen Gebiet von Israel umher.
Jeder, der das auch immer sah, sagte: »Nicht ist geschehen, noch ist gesehen worden desartiges seit dem Tag, an dem die Israeliten aus dem Land Ägypten heraufgezogen sind, bis zum heutigen Tag. Bedenkt euch darüber, beratet und sprecht!«

(Groß)

Geschändet

DU, mit Namen ICHBINDA,
sieh doch und schau:
Wie sie mich zugerichtet haben! –
Und DU lässt es zu!

Am Boden liege ich,
an der Schwelle des Hauses,
Leib und Herz zerrissen,
in meinem Blut.

Und es ist keiner da,
der mir beisteht,
keine kommt,
die mir die Tür öffnet.

Ich wähnte mich auf sicherem Boden,
verließ mich auf Treu und Glauben:
Ordnung und Recht sollten mich schützen.
Doch wer schützt Recht und Ordnung?

Auf wen ist Verlass,
wenn ich mich nicht auf dich verlassen kann?
Wem kann ich vertrauen,
wenn nicht einmal dir?

Denn in der Stunde der Gewalt
ist jeder nur sich selbst der Nächste,
und wo Fremde verfemt sind, gilt seit ewig:
»Wasser ist kein Blut.«

Minderwertig in ihren Augen wurde ich ausgeliefert
an eine blutrünstige Meute,
von den Männern im Haus,
denen die Schandtat galt.

Ersatz war ich und Opfer für die Bedrohten,
die entehrt sein sollten vor allem Volk.
Billige Beute war ich den Vergewaltigern:
Sie trieben ihren Mutwillen mit mir
die ganze Nacht bis zum Morgen.

Und da war niemand,
der Erbarmen mit mir hatte,
kein starker Gott, der Einhalt bot
und mir zur Hilfe kam.

ICHBINDA, wo bist DU,
wenn ich nach dir schreie,
sooft sie über mich herfallen
in Gibea und in aller Welt?

Kümmert dich nicht,
dass sie deine Geschöpfe vernichten,
dass sich Hass und Rohheit vererben
von Anfang an?

DU wendest dich ab
von den Gräueln der Verwüstung,
machst hart dein Herz
vor dem Wimmern der Geschändeten.

DU machst dich gemein
mit dem Bösen,
schließt deinen Bund
mit dem Unrecht!

Auf wen ist Verlass,
wenn ich mich nicht auf dich verlassen kann?
Wem kann ich vertrauen,
wenn nicht einmal dir?

Meine zerstückten Glieder
warten auf Heilung,
mein verglimmender Geist
ersehnt das Leben.

Wo bist DU, ICHBINDA,
wo bist DU?

Ich suche nach dir
und finde: nichts.
Meine Erinnerungen an dich:
Sie enden in Irrtum.

Denn DU bist nicht stark und mächtig,
sooft DU auch beschworen wirst.
Ich kann dich als groß und heilig besingen:
Es bleibt eine Täuschung.

Und doch kann ich nicht ablassen von dir,
denn DU bist mir eingefleischt.
In jeder Zelle meines Leibs ahne ich dich,
DU rauschst mir durch die Adern.

DU bist ein Schwächling, ICHBINDA,
in meiner Ohnmacht erkenne ich dich.
Was sie mir antun,
DU spürst's am eigenen Leib.

Wir leiden miteinander,
einsam und gottverlassen
und fahren miteinander in den Abgrund,
wo niemand deinen Namen preist.

Was von mir übrig bleibt,
verscharren sie irgendwo.
Soll nichts zeugen von mir und ihrer Schandtat,
soll Gras wachsen über das Unrecht.

Was von dir übrigbleibt,
verwahren sie in Gräbern und Tempeln.
Soll nichts rühren an ihr Bild von dir,
soll entzogen sein dem zweifelnden Zugriff.

Doch wache Augen und beredte Blicke
erinnern an mich wie an dich:
DU seiest nicht da gewesen, wo man dich suchte …
Das ist eine vage Hoffnung für mich.

DU, ICHBINDA, bleib in mir,
denn ich bin angewiesen auf dich,
auf Treu und Glauben dir ausgeliefert:
DU …

6. EIN STÜCK SHALOM

Die Mägde auf dem Acker (Rut 2)

BARBARA JANZ-SPAETH

Noomi hatte einen Verwandten von ihrem Mann her, einen einflussreichen Mann; er war aus dem Geschlecht Elimelechs und hieß Boas. Da sagte Rut, die Moabiterin, zu Noomi: Ich möchte aufs Feld gehen und Ähren lesen, wo es mir jemand erlaubt. Sie antwortete ihr: Geh, meine Tochter! Rut ging hin und las auf dem Feld hinter den Schnittern her. Dabei war sie auf ein Grundstück des Boas aus dem Geschlecht Elimelechs geraten. Und nun kam Boas von Betlehem dazu. Er sagte zu den Schnittern: Der HERR sei mit euch! Sie antworteten ihm: Der HERR segne dich. Boas fragte seinen Knecht, der die Schnitter beaufsichtigte: Wem gehört dieses Mädchen da? Der Knecht, der die Schnitter beaufsichtigte, antwortete: Es ist eine junge Moabiterin, die mit Noomi aus dem Grünland Moabs gekommen ist. Sie hat gesagt: Ich möchte gern Ähren lesen und bei den Garben hinter den Schnittern her sammeln. So kam sie und hielt aus vom Morgen bis jetzt und gönnte sich kaum Ruhe. Boas sagte zu Rut: Höre wohl, meine Tochter, geh auf kein anderes Feld, um zu lesen; entfern dich nicht von hier, sondern halte dich an meine Mägde; behalte das Feld im Auge, wo sie ernten, und geh hinter ihnen her! Ich habe den Knechten befohlen, dich nicht anzurühren. Hast du Durst, so darfst du zu den Gefäßen gehen und von dem trinken, was die Knechte schöpfen. Sie sank nieder, beugte sich zur Erde und sagte zu ihm: Wie habe ich es verdient, dass du mich so achtest, da ich doch eine Fremde bin? Boas antwortete ihr: Mir wurde alles berichtet, was du nach dem Tod deines Mannes für deine Schwiegermutter getan hast, wie du deinen Vater und deine Mutter, dein Land und deine Verwandtschaft verlassen hast und zu einem Volk gegangen bist, das dir zuvor unbekannt war. Der HERR, der Gott Israels, zu dem du gekommen bist, um dich unter seinen Flügeln zu bergen, möge dir dein Tun vergelten und dich reich belohnen. Sie sagte: Ich habe Gnade gefunden in deinen Augen, Herr. Du hast mir Mut gemacht und zum Herzen deiner Magd gesprochen und ich bin nicht einmal eine deiner Mägde. Zur Essenszeit sagte Boas zu ihr: Komm hierher und iss von dem Brot, tauch deinen Bissen in die Würztunke! Sie setzte sich neben die Schnitter. Er reichte ihr geröstete Körner und sie aß sich satt und behielt noch übrig. Als sie wieder aufstand zum Ährenlesen, befahl Boas seinen Knechten: Auch wenn sie zwischen den Garben liest, dürft ihr sie nicht schelten. Ihr sollt sogar für sie eigens etwas aus den Bündeln herausziehen und liegen lassen; sie mag es auflesen und ihr dürft sie nicht schelten. So sammelte sie auf dem Feld bis zum Abend. Als sie ausklopfte, was sie aufgelesen hatte, war es etwa ein Efa Gerste. Sie hob es auf, ging in die Stadt und ihre Schwiegermutter sah, was sie aufgelesen hatte. Dann packte sie aus, was sie von ihrer Mahlzeit übrig behalten hatte, und gab es ihr. Ihre Schwiegermutter fragte: Wo hast du heute aufgelesen und gearbeitet? Gesegnet sei, der auf dich Acht hatte. Sie berichtete ihrer Schwiegermutter, bei wem sie gearbeitet hatte, und sagte: Der Mann, bei dem ich heute gearbeitet habe, heißt Boas. Da sagte Noomi zu ihrer Schwiegertochter: Gesegnet sei er vom HERRN, der seine Güte den Lebenden und Toten nicht entzogen hat. Und sie erzählte ihr: Der Mann ist mit uns verwandt, er ist einer unserer Löser. Die Moabiterin Rut sagte: Er hat noch zu mir gesagt: Halte dich an meine Knechte, bis sie meine Ernte eingebracht haben! Gut, meine Tochter, sagte Noomi zu Rut, ihrer Schwiegertochter, wenn du mit seinen Mägden hinausgehst, dann kann man dich auf einem anderen Feld nicht belästigen. Rut hielt sich beim Ährenlesen an die Mägde des Boas, bis die Gersten- und Weizenernte beendet war. Danach blieb sie bei ihrer Schwiegermutter.

(EÜ 2016)

»Ach, wieder eine, der man alles erklären muss! Besser noch, auf die man aufpassen muss. Sie hat anscheinend keine Ahnung, wie es uns Mägden auf dem Feld geht und was alles passieren kann.
Aus Moab kommt sie. Als bei uns die große Hungersnot war, sind die Menschen dorthin gegangen. Jetzt kommen sie nach und nach wieder zurück und bringen Moabiterinnen mit. Wie Noomi.«

»Dass sie sich das überhaupt trauen. Sie müssten inzwischen doch wissen, dass wir Israeliten Moabiter niemals in unser Volk aufnehmen. Wir dürfen es gar nicht. Denn es heißt in unseren Schriften: ›*In die Versammlung des* HERRN *darf kein Ammoniter oder Moabiter kommen, auch nicht in der zehnten Generation. Niemals dürfen ihre Nachkommen in die Versammlung des* HERRN *kommen; denn sie sind euch nicht mit Brot und Wasser auf dem Weg entgegen gegangen, als ihr aus Ägypten zogt, und Moab hat Bileam, den Sohn Beors aus Petor in Mesopotamien gegen dich gedungen, damit er dich verfluchte – doch der* HERR*, dein Gott, hat sich geweigert, Bileam zu erhören, und der* HERR*, dein Gott hat für dich den Fluch in Segen verwandelt; denn der* HERRN*, dein Gott, liebt dich. Du sollst dich nie und nimmer um einen*

Friedens- und Freundschaftsvertrag mit ihnen bemühen.‹[33] *(Dtn 23,4–7; EÜ 2016)«*

»Das wusste ich gar nicht so genau. Gilt das denn auch für Frauen?«

»Was für die Männer gilt, gilt erst recht für die Frauen …«

»Ich denke nicht. Denn eigentlich müssten wir die Moabiterin vor unseren Männern warnen. Zumindest hier auf dem Feld. Du weißt genau, dass sie denken, sie könnten sich jede nehmen. Die haben keinerlei Hemmungen. Bei einer aus Moab schon gar nicht.«

»Das wird sie schon merken. Und wenn, dann müsste Noomi ihr das auch sagen.«

»Wir Mägde müssen zusammenhalten. Ganz egal, woher eine kommt. Nur gemeinsam können wir uns vor den Männern schützen. Diese Regel gilt für alle Frauen. Zum Glück haben wir einen Herrn, der uns schützt und dem es nicht egal ist, wie sich die Knechte uns Mägden gegenüber verhalten. Hast du nicht gehört, was Boas zu der Moabiterin gesagt hat: «Geh hinter meinen Mägden her. Ich habe den Knechten befohlen, dich nicht anzurühren!» Aber unser Herr ist nicht immer bei uns. Also müssen wir auf dem Feld selbst dafür sorgen. Gemeinsam. Ich unterscheide da nicht. Weil wir alle Frauen sind, egal, aus welchem Volk wir stammen.«

»Aber dass eine von Moab nach Bethlehem kommt, ohne Mann, das ist schon selten.«

»Sie wohnt doch bei Noomi. Man sagt, sie wäre ihre Schwiegermutter. Die Söhne Noomis und ihr Mann sind in Moab gestorben.«

»Umso mehr hätte sie dann in Moab bleiben müssen. Ich verstehe nicht, wie Noomi das zulassen konnte. Überhaupt, dass Noomi zurückkam nach all den Jahren. Da kennt einen doch niemand mehr. Und was gehört ihr denn noch? Und die Moabiterin: Wie will sie denn hier als Ausländische einen Mann finden? Rut heißt sie übrigens; auch so ein seltsamer Name.«

»Ich wollte als alte Frau auch lieber in meiner Heimat sein und nicht allein in der Fremde bleiben. Vermutlich ist Noomi froh, wenn jemand für sie sorgt, nachdem ihre Söhne gestorben sind. Sonst wäre sie darauf angewiesen, als Witwe unterstützt zu werden. Das reicht nicht zum Leben. Rut packt sehr gut an. Sie ist flink und hält den ganzen Tag durch. Sie hat wirklich Kraft. Offensichtlich wissen die in Moab auch, wie man Getreide erntet.«

»Für die Zeit der Ernte ist es ja ganz gut, wenn wir mehr Arbeiterinnen sind. Aber wenn alle zu uns kommen und bleiben … sie brauchen ja Essen und Arbeit auch nach der Ernte. Unsere Religion kennen sie auch nicht, sonst wüssten sie von dem, was du vorhin gesagt hast.«

»Es heißt, dass Rut sich entschieden hat, an unseren Gott zu glauben. Sie tut, was in der Tora steht: Sie sorgt für Noomi wie ein Sohn für seine Eltern. Das ist eine unserer großen Weisungen. Rut hat Noomi nicht allein gelassen, als sie ohne Mann und Söhne war. Sie ist die Einzige, die Noomi noch hat. Rut ist ihre Familie. Natürlich haben die Nachbarinnen Noomi noch gekannt, als sie zurückkam. Aber wenn es darauf ankommt, dann sorgt jeder doch nur für sich. Ich sehe, dass Rut nicht nur unserem Gott die Treue geschworen hat, sondern auch die Weisungen der Tora erfüllt. Also kennt sie unsere Religion, weil sie den Sinn und die Gebote der Tora verstanden hat.«

> »Aber die Tora sagt auch, dass Moabiter nicht zu unserem Volk gehören dürfen.«

»Die Tora sagt auch: ›*Wenn eine Fremde mit dir in eurem Land lebt, bedrücke sie nicht. Wie eine Einheimische, eine von euch, sei euch die Person, die unter euch als Fremde lebt, liebe sie als dich selbst, denn Fremde wart ihr in Ägypten. Ich, Adonai, Gott-für-euch.*‹[34] Das hört sich doch ganz anders an.«

> »Die Tora gilt auf ewig. Man kann nicht einfach sagen, das gilt nicht mehr. Du kannst nicht das eine Wort gegen das andere benutzen.«

»Stimmt. Dieses Gesetz gegen die Moabiter ist in einer Zeit erbitterter Feindschaft mit ihnen entstanden. Sie wollten uns vernichten. Es ging ums Überleben unseres Volkes. Das war vor langer Zeit. Doch vor nicht allzu langer Zeit haben die Moabiter Menschen aus unserem Volk aufge-

nommen, die als Hungernde zu ihnen kamen. Sollen wir diese Feindschaft ewig weitertragen? Soll sich nie ändern, was vor Jahrhunderten einmal als richtig galt und sich jetzt als schlecht erweist? Die Tora möchte doch, dass die Menschen miteinander in Frieden leben. Dass sie als Menschen leben können.
Wenn du es so wörtlich nimmst: Wir machen hier keinen Freundschaftsvertrag mit den Moabitern. Aber wir benehmen uns gegenüber den Fremden, so wie es die Tora von uns verlangt. Auch ehemals verfeindete Völker können nebeneinander in Frieden leben. Menschen aus verschiedenen Nationen können miteinander in einem Land leben. Das verlangt die Tora auch. Schau Boas an – er handelt nach diesem Gesetz, wenn er die Nachlese den Armen und Fremden überlässt, wie es im Gesetz heißt[35]. Er hat sich entschieden, welchen Geboten er den Vorrang einräumt. Um unseretwillen übrigens. Wenn er die fremden Mägde schützt, tut er mehr, als das Gesetz fordert. Und Rut hat offensichtlich auch verstanden, was die Tora verlangt.«

»Rut macht das doch nur, weil sie ein Auge auf Boas geworfen hat.«

»Jetzt sprichst du schon wie die Männer. Merkst du nicht, wie damit jeder Zusammenhalt unter uns Frauen kaputt geht? Wenn wir es hier unter uns Mägden schon nicht schaffen, füreinander zu sorgen und in Frieden miteinander zu leben, wie sollen es dann die Völker können? Wie soll es dann ein Ende nehmen, dass Männer uns bedrängen, weil wir ihnen als wertlos gelten? Es geht doch anders. Siehst du das nicht?«

»Ja, schon, aber … das klingt alles so ideal.«

»Ich träume davon, dass man sich in späteren Zeiten an Noomi, Rut, an Boas, an uns Mägde erinnern wird und die Menschen sagen: Seht, sie haben füreinander gesorgt, damit niemand Not leidet. Sie haben Grenzen hinter sich gelassen, weil sie sich nicht mehr abgrenzen mussten. Sie haben Feindschaft und Hass überwunden, weil sie den Nächsten, die Fremde wie sich selbst geachtet und geliebt haben. Sie haben in Frieden gelebt. Ein Stück Shalom – mitten unter uns. Was für eine Erinnerung!«

7. TRADUTTORE TRADITORE – VON ÜBERSETZUNG UND VERRAT

Die Frau von En-Dor (1 Sam 28)

Claudia Sticher

Samuel war gestorben und ganz Israel hatte die Totenklage für ihn gehalten und ihn in seiner Stadt Rama begraben. Saul aber hatte die Totenbeschwörer und die Wahrsager aus dem Land vertrieben. Als sich die Philister gesammelt hatten, rückten sie heran und schlugen bei Schunem ihr Lager auf. Saul versammelte ganz Israel und sie schlugen ihr Lager auf dem Gilboa auf. Als Saul das Lager der Philister sah, bekam er große Angst und sein Herz begann zu zittern. Da befragte Saul den Herrn, aber der Herr gab ihm keine Antwort, weder durch Träume noch durch die Losorakel noch durch die Propheten. Daher sagte Saul zu seinen Dienern: Sucht mir eine Frau, die Gewalt über einen Totengeist hat; ich will zu ihr gehen und sie befragen. Seine Diener antworteten ihm: In En-Dor gibt es eine Frau, die über einen Totengeist Gewalt hat. Da machte sich Saul unkenntlich, zog andere Kleider an und ging mit zwei Männern zu der Frau. Sie kamen in der Nacht bei der Frau an und er sagte zu ihr: Wahrsage mir durch den Totengeist! Lass für mich den heraufsteigen, den ich dir nenne. Die Frau antwortete ihm: Du weißt doch selbst, was Saul getan hat: Er hat die Totenbeschwörer und die Wahrsager im Land ausgerottet. Warum stellst du mir eine Falle, um mich zu töten? Saul aber schwor ihr beim Herrn und sagte: So wahr der Herr lebt: Es

Bauchrednerin

Geisterbeschwörerin

Hexe

Weise Frau

Betrügerin

Herrin über einen Totengeist

Betrügerin

Hexe

Frau in En-Dor

Totenbeschwörerin

soll dich in dieser Sache keine Schuld treffen. Die Frau sagte: Wen soll ich für dich heraufsteigen lassen? Er antwortete: Lass Samuel für mich heraufsteigen! Als die Frau Samuel erblickte, schrie sie laut auf und sagte zu Saul: Warum hast du mich getäuscht? Du bist ja Saul! Der König sagte zu ihr: Hab keine Angst! Was siehst du denn? Die Frau antwortete Saul: Ich sehe einen Gott aus der Erde heraufsteigen. Er fragte sie: Wie sieht er aus? Sie antwortete: Ein alter Mann steigt herauf; er ist in einen Mantel gehüllt. Da erkannte Saul, dass es Samuel war. Er verneigte sich mit dem Gesicht zur Erde und warf sich zu Boden. Und Samuel sagte zu Saul: Warum hast du mich aufgestört und mich heraufsteigen lassen? Saul antwortete: Ich bin in großer Bedrängnis. Die Philister führen Krieg gegen mich und Gott ist von mir gewichen und hat mir keine Antwort mehr gegeben, weder durch die Propheten noch durch die Träume. Darum habe ich dich gerufen, damit du mir sagst, was ich tun soll. Samuel erwiderte: Warum fragst du mich? Der Herr ist doch von dir gewichen und ist dein Feind geworden. Er hat getan, was er durch mich angekündigt hatte: Der Herr hat dir das Königtum aus der Hand gerissen und hat es einem anderen, nämlich David, gegeben. Weil du nicht auf die Stimme des Herrn gehört und seinen glühenden Zorn an Amalek nicht voll-

streckt hast, darum hat dir der HERR heute das getan. Der HERR wird auch Israel zusammen mit dir in die Hand der Philister geben und morgen wirst du samt deinen Söhnen bei mir sein; auch das Heerlager Israels wird der HERR in die Hand der Philister geben. Da fiel Saul der Länge nach jäh zu Boden; so sehr war er über die Worte Samuels erschrocken. Es war auch keine Kraft mehr in ihm, weil er den ganzen Tag und die ganze Nacht keinen Bissen gegessen hatte. Die Frau ging zu Saul hin und sah, dass er ganz verstört war; sie sagte zu ihm: Deine Magd hat auf deine Stimme gehört; ich habe mein Leben aufs Spiel gesetzt, als ich auf das hörte, was du zu mir gesagt hast. Jetzt aber höre auch du auf die Stimme deiner Magd! Ich will dir ein Stück Brot zum Essen geben. Dann wirst du wieder zu Kräften kommen und kannst deines Weges gehen. Er aber weigerte sich und sagte: Ich esse nichts. Doch seine Diener und die Frau drängten ihn, bis er auf ihre Stimme hörte. Er erhob sich vom Boden und setzte sich aufs Bett. Die Frau hatte ein Mastkalb im Haus. Sie schlachtete es in aller Eile, nahm Mehl, knetete Teig und backte ungesäuerte Brote. Das alles setzte sie Saul und seinen Knechten vor; sie aßen, standen auf und gingen noch in der gleichen Nacht zurück.

(EÜ 2016)

Fährmann setz' über – üb' ersetzen – üb' nicht Verrat!

Wenn ich so durch die Zeiten wandere, möchte ich diese Warnung dem ein oder anderen zurufen: Üb' ersetzen – üb' nicht Verrat!

Was haben sie bloß aus mir gemacht? Eine Hexe!

Meine Gabe kam durch das Erbe meiner Mutter auf mich. Segen oder Fluch? – Wer weiß das schon. Sie nennen mich die Frau von En-Dor, und damit ist doch alles gesagt: En-

Dor, »En« bedeutet Quelle und »Dor« verweist auf die Generation, an einer »Quelle der Generationen« sollte man wahrlich nicht vom Strom der Vorfahren abgeschnitten sein.
Für mich war die Grenze zwischen denen hier und denen drüben immer schon durchlässiger als für die meisten. Warum soll denn kein Kontakt mehr möglich sein, nur weil der Leib in der Erde liegt?
Gott ist treu und umfängt die Lebenden und die Toten. Seine Hand ist die Klammer, die alles umfasst.
Eine Mittlerin bin ich, ein Medium!
»Verpönte Praktiken wendest du an«, werdet ihr erwidern.
Niemals habe ich irgendjemanden dazu verleitet, anderen Göttern zu dienen und von JHWH, unserem Gott, abzufallen. Glaubt ihr denn, ich hätte den berühmtesten Propheten unserer Tage, Samuel, anders als im Namen JHWHs aus der Unterwelt heraufbeschwören können? Gerade ihn?
Ich sehe euch regelrecht den Kopf schütteln vor lauter Ablehnung. Ihr seid gefangen in dieser Abgrenzung legitim – illegitim.
Gut, lasst sie uns aufzählen, die legitimen Mittel, Gottes Willen zu erkunden: Träume, Losorakel, Prophetie. Verboten hingegen: Totenbeschwörung und Wahrsagerei.

Es war die Nacht vor deinem Tod, König Saul. Da war auch für dich der Schleier schon durchsichtiger geworden. Ohne Hilfe allerdings konntest du nicht hinüberblicken, du hattest die Gabe nicht.
Die rechtmäßigen Mittel waren ausgeschöpft, sie halfen nichts. Wie verzweifelt musst du gewesen sein, sogleich an die unrechtmäßigen zu denken?

Und es durfte ja auch nicht irgendjemand sein, nein: keinen Geringeren als Samuel wolltest du befragen. Nachdem Samuel dir Gottes Wort nicht mehr übermitteln konnte, warst du ratlos. So ratlos, dass du deine eigenen Anordnungen missachtet hast und mich, eine Totenbeschwörerin, aufsuchtest.
Geradlinig konnte man dich nicht nennen, erst verbietest du die Totenbeschwörung, doch als es hart auf hart kommt …
Ja, ich weiß, die Losorakel waren stumm geblieben.
Gab es dir eigentlich gar nicht zu denken, wie mühelos deine Leute mich ausfindig machten? Von wegen, du habest alle Totenbeschwörer vertrieben …
Aber mit dir hatte ich nicht gerechnet, mein Entsetzen war echt, als Samuel dich anredete und ich gewahr wurde, wer da vor mir stand. Lebensgefährliche Übertretung eines königlichen Gebots. Würdest du die strafen, die dir half? Immerhin kamst du verkleidet, wolltest nicht gesehen werden.
Erst mit dem Heraufsteigen des Propheten Samuel wurde ich hellsichtig, vorher hattest du mich täuschen können, König Saul.
Aber um dich geht es ja jetzt nicht mehr, dein Ende war gekommen. Es war der Vorabend deines Todes und ich leistete dir den letzten Beistand. Dann erfüllte sich dein Geschick.
Drei Mal wurde deine Verwerfung angekündigt, immer von Samuel, beim letzten Mal stand sie nun unmittelbar bevor. Angefangen hatte es lange vorher, mit deiner Salbung zum König. Widerstrebend hatte Samuel die heilige Handlung vollzogen, widerwillig gegen das Königtum von Anfang an, wurde doch damit Israels Besonderheit vor

allen anderen Völkern aufgegeben. Alle anderen Völker hatten ihre Könige, Israel aber wurde durch JHWH selbst regiert.
Der Prophet trat dir, dem König, entgegen, wieder und wieder. Samuel hatte JHWHs Beistand nicht verloren, du aber, König Saul, warst verloren, noch bevor du zu mir kamst. David war von Samuel ja längst zum König gesalbt worden. Klang dir das Lied der Menge nicht im Ohr? – »Saul hat tausend erschlagen, David zehntausend.« Noch zu deinen Lebzeiten, Saul, wurde dein Nachfolger gesalbt und die Menge jubelte ihm zu!
Brauchtest du es noch deutlicher? Musstest du wirklich noch einmal aus dem Mund des Mannes, der dir Gottes Verwerfung überbracht hatte, dein Schicksal besiegeln lassen?
Offensichtlich glaubtest du ja selbst nicht mehr, in der Schlacht siegreich zu bleiben. So verzagt warst du noch in keinen Kampf gegangen. Wenn schon der Herr des Himmels nicht an deiner Seite kämpft, wie sollte da ein Prophet aus der Unterwelt dir bessere Nachrichten bringen?
Nun gut, lassen wir das. Ich sah deine Verzweiflung, noch bevor ich dich erkannte. Also schritt ich zur Tat.

Totenbeschwörung – oder wer es feiner mag: unsere Kunst der Nekromantie – braucht Menschen, die dazu fähig und ausgebildet sind. Nur wer das Ritual zu vollziehen weiß, kann hoffen, einen Totengeist herbeizurufen. In langen Jahren und vielen Unterweisungen lehrte meine Mutter mich die notwendigen Formeln und die innere Haltung. »Lass alles los, es darf niemals um dich selbst gehen!« – Wie schwer war das!

Es geht auch jetzt nicht um mich, deshalb bleibe ich namenlos. Ich bin die Mittlerin, nicht mehr, nicht weniger.
Die Priester der JHWH-Religion wollten nichts davon wissen, sahen uns als Konkurrenz, fürchteten darum, dass das Volk nicht JHWH allein verehre. Wohlgemerkt: Unsere Rituale sind etwas ganz anderes als das allgemeine Totengedenken, das jede Sippe begeht.
Besondere Lebenslagen erfordern besondere Riten. Mein Gewissen drückte mich nicht, wenn ich meine Kunst ausübte, nach Sauls Tod noch weniger als davor.
Mir waren noch gute Jahre vergönnt im Lande der Lebenden, dort, bei der Quelle der Generationen.

Dann trat ich selbst auf die andere Seite. Der Schleier hebt sich hin und wieder … Ich höre und sehe, was sie aus mir gemacht haben.
Wohltönend steht sie da, die hebräische Sprache, und ich bin die Herrin über einen Totengeist.[36]
Ja, warum nicht, unsere Kunst ist Herrschaftswissen, wenn mich der Titel »Herrin« adeln soll, so lasse ich mir das gerne gefallen.
Doch unser Volk ist nicht zahlreich genug, lebt zudem in der Zerstreuung, nicht nur im Land der Verheißung, weshalb ihr Fährleute euer Handwerk ausübt.
An der ersten Überfahrt hatte ich meine helle Freude, denn als wir die Ufer der Septuaginta erreichten, der Heiligen Schrift für alle, die kein Hebräisch verstehen, wurde ich zur Bauchrednerin.[37] Sie können formulieren, diese Griechen! Ein klein wenig missverständlich vielleicht, denn die Fährleute wollten mir keinen Betrug unterstellen, als hätte ich irgendwelche Töne hervorgequetscht, um wie auf dem Jahrmarkt die Menge zu täuschen. Nein, Bauchrednerin

bezeichnet ganz trefflich einen Menschen, aus dem ein Geist spricht.
Aber ganz so originell war es dann doch wieder nicht, denn unser geliebter Talmud charakterisiert einen Angehörigen meiner Zunft als Menschen, der nicht aus dem Mund, sondern »aus seinen Achselhöhlen sprechen lässt«.[38]
Regelrecht stürmisch wurde die Überfahrt ins Lateinische. Die »Weitverbreitete«, also die Vulgata, übersetzte mich »Herrin über einen Totengeist« mit *habentem pythonem*: die Frau, »die einen Python besitzt«. Zuerst schüttelte ich ratlos meinen Kopf – was soll ich haben?

Üb' ersetzen – üb' nicht Verrat, Fährmann!

Ich will mit den Schlangenbeschwörern, diesen ägyptischen Scharlatanen, die ihren Pharao und leider auch unseren Mose so beeindruckt haben, nichts zu tun haben!

Sie hielten es für eine großartige Neuerung, Bauchredner als »die mit Python« zu bezeichnen, Gewährsmann dafür ist kein Geringerer als Plutarch.[39] Naja, danke schön. Lateiner eben. Auch Origenes fand das originell, sah die Überfahrt vom Griechischen ins Lateinische gelungen.[40]
Fährmann, merktest du nicht, wie nahe du den Gestaden von Delphi kamst? Schlangenblut floss dort zur Erde, die Weissagerin hatte Anteil an der magischen Kraft, man nannte sie Pythia. Verband uns wirklich Verwandtschaft?
Nach dieser Überfahrt unumgängliches gemeinsames Erbe. Ich will nicht klagen, denn danach ging es erst richtig bergab.
Verzeiht, Wasser fließt stets bergab und der Fährmann setzte wieder über …

In Taumel und Strudel gerieten wir zwischen Latein und Deutsch.
War ich im Hexenhammer des Dominikaners Heinrich Kramer in der Sprache der gebildeten Welt noch die »pythonissa« und keine »malefica«, Unheilbringerin, so erdreistete sich eines Tages ein Übersetzer, mich zur Hexe zu machen.[41]
Wer lehrte dich die Kunst des Fährmanns, mein Freund? Ein Könner wird es nicht gewesen sein. Glaubst du, der Dominikaner hätte darauf verzichtet, mich so zu brandmarken, wenn es ihm möglich gewesen wäre? Das tatest erst du mir an, Übersetzer!
Und so geistere ich durch die Zeiten als Hexe, als Schadenszauberin.
Denk an mich, wenn du die Fähre besteigst, um hinüberzusetzen zwischen den Sprachwelten. Nur einen Satz gebe ich dir mit:

Üb' ersetzen – üb' nicht Verrat!

8. ZWEI MÜTTER WERDEN ELTERN – DIE WEISHEIT DER EWIGEN

Die Frauen vor Salomo (1 Kön 3,16–28)

Barbara Janz-Spaeth

Damals kamen zwei Dirnen und traten vor den König.
Die eine sagte: Bitte, Herr, ich und diese Frau wohnen im gleichen Haus und ich habe dort in ihrem Beisein geboren.
Am dritten Tag nach meiner Niederkunft gebar auch diese Frau. Wir waren beisammen; kein Fremder war bei uns im Haus, nur wir beide waren dort.
Nun starb der Sohn dieser Frau während der Nacht; denn sie hatte im Schlaf auf ihm gelegen.
Sie stand mitten in der Nacht auf, nahm mir mein Kind weg, während deine Magd schlief, und legte es an ihre Seite. Ihr totes Kind aber legte sie an meine Seite.
Als ich am Morgen aufstand, um mein Kind zu stillen, war es tot. Als ich es aber am Morgen genau ansah, war es nicht mein Kind, das ich geboren hatte.
Da rief die andere Frau: Nein, mein Kind lebt und dein Kind ist tot. Doch die erste entgegnete: Nein, dein Kind ist tot und mein Kind lebt. So stritten sie vor dem König.
Da begann der König:
Diese sagt: Mein Kind lebt und dein Kind ist tot!
und jene sagt: Nein, dein Kind ist tot und mein Kind lebt.
Und der König fuhr fort: Holt mir ein Schwert!
Man brachte es vor den König.

Nun entschied er: Schneidet das lebende Kind entzwei und gebt eine Hälfte der einen und eine Hälfte der anderen!
Doch nun bat die Mutter des lebenden Kindes den König – es regte sich nämlich in ihr die mütterliche Liebe zu ihrem Kind: Bitte, Herr, gebt ihr das lebende Kind und tötet es nicht!
Doch die andere rief: Es soll weder mir noch dir gehören. Zerteilt es!
Da befahl der König: Gebt jener das lebende Kind und tötet es nicht; denn sie ist seine Mutter.
Ganz Israel hörte von dem Urteil, das der König gefällt hatte, und sie schauten mit Ehrfurcht zu ihm auf; denn sie erkannten, dass die Weisheit Gottes in ihm war, wenn er Recht sprach.
(EÜ 2016)

I Am Vorabend im Königshaus
Bathseba und Salomo

Bathseba, warum kommst du zu mir? Was möchtest Du bereden?

Salomo, König, mein Sohn, hör mir zu! Hör mir bitte gut zu!
Zwei Frauen kamen heute zu mir. Eine trug ein kleines Kind mit sich; die andere hatte noch volle Brüste – sie würdigten sich keines Blickes und kamen doch zusammen zu mir. Als ich sie nach ihrem Anliegen fragte, fing die eine an zu weinen und die andere schrie laut auf: »Sie will mein Kind! Sie sagt, es sei ihres. Ich lasse mir mein Kind nicht wegnehmen!« Die andere Frau schluchzte leise, zeigte auf das kleine Kind auf dem Arm der anderen und sagte: »*Es . ist . mein .* Kind!«

»Hier ist nur ein Kind«, sagte ich, »und das muss einer von euch beiden gehören.«
»Das andere ist tot. Gestorben. Es lag am Morgen tot im Bett«, schluchzte die eine. Die andere schrie: »Sie hat es erdrückt. Sie hat in der Nacht auf dem Kind gelegen. *Ihr* Kind ist tot – das hier auf meinem Arm ist mein Kind! *Es* . *ist* . *mein* . Sohn!«
Ich habe nachgefragt, was sie da so sicher mache. Beide Frauen leben gemeinsam in einem Zimmer; für ein eigenes reicht ihr Geld nicht. Sie verdingen sich, wo immer sich die Möglichkeit bietet. Beide sind unverheiratet, wurden schwanger und haben innerhalb von wenigen Tagen ihr Kind geboren, von denen eines nächtens starb. Nun beschuldigt die eine Mutter die andere, ihren lebenden Sohn zu sich genommen und das tote Kind zu ihr gelegt zu haben. Als sie ihm die Brust geben wollte, habe sie es bemerkt. Sie sei sich sicher, dass die Kinder getauscht wurden. »Eine Mutter kennt ihr Kind«, sagte sie – jetzt ganz leise – und auch ihr liefen nun die Tränen über die Wangen.

Was hast du zu den Frauen gesagt, Bathseba, meine Mutter? Wie hast du entschieden?

Ich habe nicht entschieden, Salomo. Das konnte ich nicht. Plötzlich war mir mein eigenes Kind vor Augen, das nach wenigen Tagen sterben musste. Und der Schmerz fuhr erneut wie ein Schwert in meine Seele. Alle Trauer war wieder in mir. Ich weinte mit den beiden Frauen um ihr und um mein totes Kind. Das hat uns miteinander verbunden. In dem Moment spielte der Konflikt der beiden Frauen

keine Rolle mehr. Wir haben als Mütter um unsere toten Kinder getrauert.
Sie kommen morgen an deinen Thron, Salomo, damit du ein gerechtes Urteil sprechen mögest.

Wie soll es da ein gerechtes Urteil geben, Mutter? Was kann ich tun? Wäre es gerecht, das zweite Kind töten zu lassen, damit keine von beiden ein Kind hat? Oder sollte ich ihnen das Lebende wegnehmen und einer anderen Frau geben? Wäre es gerecht, einer weiteren Frau ihr Kind wegzunehmen und einer der beiden zu geben, damit beide eines haben?
Das Kind ist tot, und es wird durch mich nicht lebendig – daran ändert ein gerechtes Urteil nichts, wie auch immer dies ausfallen könnte.

Salomo, als König triffst du nicht nur gerechte, sondern auch weise Urteile. Lass uns die Weisheit der Ewigen anrufen, dass sie uns einen Weg weist. Einen Weg, der zumindest das lebende Kind bei seiner Mutter aufwachsen lässt. Möglicherweise können sie es sogar gemeinsam aufziehen und gemeinsam für ihren Sohn sorgen.

Du pochst auf die Weisheit Gottes, Bathseba, die ich als König im Volk durch mein Handeln, durch meine Rechtsprechung, durch meine Fürsorge bezeuge. Aber du vergisst, dass auch ich nur ein Mensch bin, und als Mann von solchen Frauendingen nichts verstehe. Wie sollen zwei Frauen wie eine Mutter einen Sohn großziehen – ohne einen Mann, der sie ernährt? Wie sollen zwei Frauen einem Sohn einen Beruf lehren, wenn sie selbst keinen erlernt haben? Nein, Bathseba, hier braucht es keine Weisheit, sondern eine schnelle und praktische Lösung. Es wird mir schon etwas einfallen! Sollen sie morgen vor mich treten!

Salomo, König, ich muss dir widersprechen. Eine schnelle, praktische Lösung wird den Streit der Frauen nicht beenden. Es muss eine andere Möglichkeit geben, eine, die wir noch nicht kennen.
Lass uns die Weisheit der Ewigen anrufen, Salomo, bitte. Sie wird dir beistehen!

Gottheit unserer Vorfahren, Fülle des Erbarmens! Du hast das All durch dein Wort gemacht, und durch deine Weisheit hast du die Menschen bereitet, damit sie über die Geschöpfe gebieten, die du geschaffen hast, die Welt in Heiligkeit und Gerechtigkeit leiten und in Aufrichtigkeit Recht sprechen. Gib mir, die an deiner Seite sitzt, die Weisheit, und schließe mich nicht aus dem Kreis deiner Kinder aus! Denn ich bin dein Diener und der Sohn deiner Dienerin, ein schwacher Mensch mit einem kurzen Leben, nur gering ist meine Einsicht in Recht und Gesetze. Selbst wenn jemand unter den Menschenkindern vollkommen wäre – fehlt die Weisheit, die von dir kommt, so wird dieser Mensch für nichts gehalten werden.
Du bist es, der mich als König deines Volkes ausgewählt hat, und als Richter deiner Söhne und Töchter, der gesagt hat, ich solle auf deinem heiligen Berg einen Tempel bauen, und in der Stadt, in der du deine Zelte aufgeschlagen hast, einen Altar, eine Nachbildung des heiligen Zeltes, das du im Voraus von Anfang an bereitet hattest. Bei dir ist die Weisheit, die deine Werke kennt, die dabei war, als du die Welt schufst, die weiß, was dir gefällt und was nach deinen Geboten recht ist. Sende sie vom heiligen Himmel, von deiner überragenden Herrlichkeit

her schicke sie, damit sie mir beistehe und alle Mühe mit mir teile und ich erkenne, was dir gefällt. Sie weiß und versteht alles, in meinen Taten wird sie mich besonnen leiten, und mich durch ihre Herrlichkeit bewahren. Meine Werke werden anerkannt sein, ich werde dein Volk gerecht regieren und werde des Thrones meines Vaters würdig sein.

(Weish 9,1–12; BiGS)

II Zur Mittagszeit des nächsten Tages

Die beiden Mütter

Lauf doch nicht so schnell! Ich kann nicht so schnell gehen mit dem Kind. So schau doch her! Könntest du unser Kind ein Stück des Weges tragen? Hier, nimm es!

> Du gibst mir das Kind? Hast du keine Angst, dass ich dir mit ihm davonlaufen könnte?

Nein. Wohin sollte denn eine von uns gehen können, noch dazu mit einem kleinen Kind. Wir haben nur unseren Raum, wo wir schlafen, kochen, leben. Mehr haben wir doch nicht.

Lass uns einen Moment ausruhen. Ich möchte mit dir etwas bereden:

Es ist *unser* Kind, das du jetzt im Arm hältst – so wie ich es vorher im Arm gehalten habe. Es ist nicht nur mein Kind, und es ist nicht nur dein Kind. Es ist unser beider Kind. So wie das Gestorbene unser beider Kind ist. Ich habe doch denselben Schmerz wie du gespürt, als es tot da lag. Der kleine Körper, kalt und leblos, als wir ihn in ein Tuch wickelten und am Abend begraben mussten. Jede Mutter kann mitfühlen, wie es ist, ein Kind zu verlieren. Wir haben miteinander und mit der Königsmutter um *unser* Kind geweint. Bedeutet dir das nichts? Ich wollte und will diesen Schmerz nie mehr spüren. Das könnte ich nicht aushalten. Kein Kind darf durch uns sterben. Deshalb habe ich beim König um das Leben unseres Kindes gekämpft. Es sollte nicht auch noch sterben. Nicht, weil wir beide darum streiten. Es soll leben. Nur darum geht es.

Unser Kind ist am Leben geblieben, der König hat den Befehl nicht ausführen lassen. Auch er wollte, dass dieses Kind lebt. Können wir nicht nur den Schmerz über unser totes Kind, sondern auch die Freude über unser lebendes Kind teilen? Darf unser Sohn bei uns aufwachsen und mit zwei Müttern leben? Das wäre richtig. Wenn wir beide gemeinsam als Eltern für unser Kind sorgen, anstatt darum zu streiten. Das wäre gerecht.

Ich kann das nicht allein. Ich kann nicht Geld verdienen und das Kind aufziehen. Ich müsste es weggeben. Und du kannst es auch nicht. Du weißt selbst, dass wir immer zu wenig zum Leben haben. Unser Geld reicht nie aus. Aber zusammen ist es möglich. Wenn wir zusammenhalten, dann geht das.

Wenn wir wie bisher teilen. Glaub mir! Bitte! Lass es uns wenigstens versuchen. Um unseres Kindes willen. Bitte!

> Ich brauche Zeit … lass mir etwas Zeit. Noch trage ich den Schmerz über das tote Kind in meiner Seele. Noch will ich schreien und klagen, noch will ich mich nicht freuen, noch kann ich nicht froh darüber sein, dass nur eines der Kinder lebt.
>
> Unser gemeinsames Kind? Unser Sohn? Zwei Frauen, die Eltern sind für ihn? Die gemeinsam mit ihm lachen, ihn nähren, ihn sprechen lehren? Die für ihn

sorgen und hoffen, dass er für uns sorgen wird, wenn wir alt sind? Ich kann es mir noch nicht vorstellen, aber ich will darüber nachdenken. Vielleicht versuchen wir es einfach, einen Tag, dann einen zweiten Tag, dann einen dritten Tag. Ja, so könnte es gehen. So kann es gut werden. Unser Kind. Wir zwei Frauen die Eltern …

III Am Nachmittag im Königshaus

Bathseba und Salomo

Salomo, mein Sohn, wie hast du entschieden?

Es war so, wie du gesagt hast, Bathseba. Die beiden Frauen haben gestritten und nicht mehr aufgehört. Die eine schrie ganz laut, die andere war leiser. Beide kämpften um das Kind wie Löwinnen. Es war schrecklich.

Hast du sie ohne ein Urteil weggeschickt?

Nein, Bathseba, es kam ganz anders.
Die ganze Zeit habe ich mich an deinen Schmerz erinnert und nach einer Lösung gesucht, die das Kind am Leben ließe. Aber mir fiel nichts ein. Welche Möglichkeit hätte ich denn gehabt, den Streit unter den beiden Frauen zu beenden? Schließlich wusste ich mir nicht anders zu helfen, als ein Schwert holen zu lassen, um das Kind zu teilen. Dann sollte jede eine Hälfte bekommen.

Nein, Salomo, nein, nein … wie konntest du … noch ein Kind, das unschuldig sterben muss … ich bitte dich, Salomo, das durftest du nicht …

Sei ruhig, Bathseba. Es kam anders, das hatte ich schon gesagt. Aber nicht durch meinen Willen, nicht durch mein Eingreifen.
Als ich das Schwert holen ließ und den Befehl gab, fiel die eine Frau vor mir auf die Knie und bat leise um das Leben des Kindes. Lieber sollte es die andere bekommen, als dass das Kind sterben müsse.
Damit habe ich nicht gerechnet, Bathseba. Es war, als wäre in dem Moment die Weisheit der Ewigen auf uns alle herabgekommen. Als wäre unser Flehen erhört worden.
Alle wurden still, blickten auf die Frau, wie sie am Boden lag, und dann auf mich. Auch die andere Frau, die vorher meiner Entscheidung zugestimmt hatte, schaute schweigend zu ihr hinab. Und ich … Ich wusste in dem Moment, welche von den beiden die Mutter des Kindes war. Ich richtete die Frau auf und legte das Kind in ihre Arme.
Ja, Mutter, die Weisheit der Ewigen hat ein gerechtes Urteil geschaffen. Das Kind darf leben und groß werden. Es wird einmal für seine Mütter sorgen, dessen bin ich gewiss.

Salomo, unser Gebet wurde erhört. Die Weisheit der Ewigen hat dich, mein König, erfüllt.
Lass uns Gott preisen und ihm danken mit einem Lied.

Strahlend und unverwelklich ist die Weisheit, leicht wird sie erblickt von denen, die sie lieben, und gefunden von denen, die sie suchen. Denen, die nach ihr verlangen, kommt sie zuvor und gibt sich zu erkennen. Die früh aufstehen, um sie zu suchen, haben keine Mühe: Sie finden sie neben ihrer Türe sitzend.
In ihr ist eine Geistkraft: verständig, heilig, einzigartig, vielteilig, fein, leichtbeweglich, durchdringend, unbefleckt, klar, unverletzlich, das Gute liebend, schnell bereit, nicht zu hemmen, wohltätig, menschenfreundlich, verlässlich, sicher, sorgenfrei, allmächtig, alles überschauend und durch alle Geister dringend, auch die vernunftvollen, reinen, leichtesten. Die Weisheit ist beweglicher als alle Bewegung, in ihrer Reinheit durchzieht und durchdringt sie alles. Sie ist ein Hauch aus der Macht der Gottheit … ein Bild ihrer Güte. Sie ist nur eine und vermag doch alles, sie bleibt, was sie ist und erneuert doch alles. Von Generation zu Generation dringt sie in heilige Menschen ein und macht sie zu Freundinnen und Freunden der Gottheit und zu ihren Prophetinnen und Propheten.
(Weish 6,12–14, Weish 7,22–25a.27; BigS)

Ich preise dich, mein Gott, Ewige, deren Weisheit uns heute gefunden hat. Wir haben nach ihr verlangt, ihrer bedurft, um das Gute zu erkennen und Leben zu bewahren. Ich preise dich und danke dir, Ewige, für die Kraft deines Geistes in unseren Herzen. Amen.

9. FACTS AND FAKES

Königin von Saba (1 Kön 10,1–13)

Hildegard König

Die Königin von Saba hörte vom Ruf Salomos und kam, um ihn mit Rätselfragen auf die Probe zu stellen.
Sie kam nach Jerusalem mit sehr großem Gefolge, mit Kamelen, die Balsam, eine gewaltige Menge Gold und Edelsteine trugen, trat bei Salomo ein und redete mit ihm über alles, was sie in ihrem Herzen erwogen hatte. Salomo gab ihr Antwort auf alle Fragen. Es gab nichts, was dem König verborgen war und was er ihr nicht hätte sagen können.
Als nun die Königin von Saba die ganze Weisheit Salomos erkannte, als sie den Palast sah, den er gebaut hatte, die Speisen auf seiner Tafel, die Sitzplätze seiner Beamten, das Aufwarten der Diener und ihre Gewänder, seine Getränke und sein Brandopfer, das er im Haus des Herrn darbrachte, da stockte ihr der Atem.
Sie sagte zum König: Was ich in meinem Land über dich und deine Weisheit gehört habe, ist wirklich wahr. Ich wollte es nicht glauben, bis ich nun selbst gekommen bin und es mit eigenen Augen gesehen habe. Und wahrlich, nicht einmal die Hälfte hat man mir berichtet; deine Weisheit und deine Vorzüge übertreffen alles, was ich gehört habe.
Glücklich sind deine Männer, glücklich diese deine Diener, die allezeit vor dir stehen und deine Weisheit hören. Gepriesen sei der Herr, dein Gott, der, die an dir Gefallen fand und dich auf den Thron Israels setzte. Weil der Herr Israel ewig liebt, hat er

dich zum König bestellt, damit du Recht und Gerechtigkeit übst.
Sie gab dem König hundertzwanzig Talente Gold, dazu eine sehr große Menge Balsam und Edelsteine. Niemals mehr kam so viel Balsam in das Land, wie die Königin von Saba dem König Salomo schenkte. …
König Salomo gewährte der Königin von Saba alles, was sie wünschte und begehrte. Dazu beschenkte er sie reichlich, wie es nur der König Salomo vermochte. Schließlich kehrte sie mit ihrem Gefolge in ihr Land zurück.
(EÜ 2016)

Die Investigativplattform *Zeitreise.net* (Z) im Interview mit der Königin von Saba (KS)

Zeitreise.net (Z): Eure königliche Hoheit, *Zeitreise.net*, und besonders ich, die ich dieses Interview führen darf, werten es als hohe Ehre und Gunst, zu dieser persönlichen Unterredung mit Ihnen zugelassen zu sein.

Königin von Saba (KS): Ehre und Gunst mag es für Sie sein. Für mich ist es ein Weg, die Mythenbildung über mich selbst zu steuern. Sie wissen ja, wieviel Unsinn über Regenten verbreitet wird.

Z: Meinen Sie, Majestät, dass das, was über Sie in die Geschichte eingeht, nicht den Fakten entspricht, sondern erfunden ist?

KS: Ich brauche Ihnen nicht zu sagen, dass sich zwischen Fakten und Legenden ein weiter Raum für Interpretationen und Hinzudichtungen erstreckt, die alle ein Körnchen Realität bergen, welches aber doch in Erzähltraditionen und in Erzählabsichten verwoben ist. Und rechnen Sie immer auch mit der Fantasie derjenigen, die erzählen.

Z: Trifft das, Majestät, auch auf Ihren berühmten Staatsbesuch in Jerusalem zu, der Sie vor Jahren an den Hof des Königs Salomo geführt hat?

KS: Warum sollte er eine Ausnahme sein? Fragen Sie hundert Leute, die damals mit auf der Reise waren. Sie erhalten hundert verschiedene Versionen davon. – Aber Sie sind ja an meiner Version interessiert.

Z: Umso mehr danke ich ihnen, Majestät, dass Sie uns Ihre Sicht auf die Geschehnisse damals mitteilen wollen. – Ein Staatsbesuch will ja gut vorbereitet sein. Und wenn eine so große Distanz zu bewältigen ist wie die fast zweieinhalb Tausend Kilometer zwischen Saba und Israel, dann ist das doch eine große Herausforderung an Kommunikation und Logistik.

KS: Wie Sie wissen, habe ich meine Residenz in Marib mit Bedacht gewählt. Denn sie liegt mitten im sabäischen Herrschaftsgebiet und nahe unserer Haupthandelsroute, der Weihrauchstraße, die bis nach Damaskus führt. Karawanen sind ständig in die eine oder andere Richtung unterwegs und sie transportieren nicht nur Waren, sondern auch Informationen und gewährleisten die Kommunikation selbst über weite Strecken. Auf diese Weise kamen mir sehr widersprüchliche Nachrichten über diesen König Salomo zu Ohren. Man schwärmte von seiner Weisheit und von seiner klugen Politik, die seinem Volk Wohlstand und Frieden eintrug. Man bestaunte seinen Reichtum und seine Potenz. Es gab aber auch Kritik: Sein großer Harem mache ihn anfällig für alle möglichen Kulte, er sei ein verweichlichter Frauenheld … – Wo verläuft die Grenze zwischen Dichtung und Wahrheit? Ich rechne damit, dass man in Jerusalem ähnlich von mir erzählte: unermesslicher Reichtum, atemberaubende Schönheit und umfassende Bildung, dabei viel zu arrogant und unnahbar … Die üblichen Sachen.

Z: Und die direkte Begegnung zwischen Ihnen, Hoheit, und Salomo sollte demnach der Richtigstellung Ihrer öffentlichen Wahrnehmung dienen.

KS: Das war in unser beider Interesse. Deshalb kündigte ich meinen Besuch an. Er erwiderte dies mit einer herzlichen Einladung. Danach planten wir den Staatsbesuch.

Z: Das bedeutete, Sie mussten Ihre Entourage zusammenstellen, und die Gastgeschenke.

KS: Wir hatten genug Handelsverbindungen und die nötigen Kapazitäten, Karawanen auszurüsten und auf den Weg zu bringen. Für die Distanz benötigten wir dreiundsechzig Reisetage, notfalls mehr. Wir planten den Zusammenschluss in Akaba. Die Karawanen warteten dort auf meine Ankunft.

Z: Das heißt, Sie sind gar nicht mit über die Weihrauchstraße gereist?

KS: Ich zog den Seeweg vor. Entlang der arabischen Küste. Das war nicht risikofrei, aber für mich weniger anstrengend.

Z: Und dann ging es von Akaba im ganz großen Aufzug nach Jerusalem. Wie erlebten Sie den Einzug in die Stadt?

KS: Wir erblickten die Stadt vom gegenüberliegenden Hügel aus, wie sie weiß und schimmernd in der Sonne lag. Alles Volk schien auf den Beinen zu sein, ist uns entgegengelaufen und hat gestaunt und gejubelt. Ich habe ihnen von meiner Sänfte aus zugewinkt. Mehr als meinen Arm haben sie nicht gesehen. Dennoch bewunderten sie lautstark meine Schönheit und die Pracht meiner Kleidung. Mein treues Kamel hat sich davon nicht aus der Ruhe bringen lassen und hat mich in den Palast getragen. Die Ankunft dort hat Aufsehen erregt: Die Staatsgeschenke, nämlich unsere besten Exportgüter, die Kamele und Dromedare, Gold, Edelsteine und Elfenbein, Balsam und Weihrauch in großer Menge machten Eindruck. Dann die Mitglieder meines Hofs und meine Palastgarde. Es folgten meine Hofbeamten. Von ihnen eskortiert betrat ich den Palast, hinter mir lärmten meine Musikanten mit ihren Hörnern und Flöten. Das war noch nie nach meinem Geschmack. In Salomos Palast hörte ich dann angenehmere Klänge: Saiteninstrumente, Harfen und Zithern (2 Chr 9,11). Da dachte ich: Vielleicht findet sich eines Tags jemand, der aus all diesen Klängen die richtige Musik für mich komponiert. So etwas leichtfüßig Schwungvolles, prächtig und kraftvoll und mitreißend. Das könnte dann »The Arrival oft the Queen of Sheba«[42] heißen und in aller Welt bekannt sein … Entschuldigung, ich schweife ab.

Z: Und wie war Ihr erster Eindruck von Salomos Palast?

KS: Zunächst war ich mit dem Protokoll beschäftigt: Das Empfangskomitee musste begrüßt werden, die Geschenke mussten überreicht werden. Alles ist ja bis ins Detail durchdacht. Sie werden von einem Raum in den nächsten weitergereicht. – Über den Palast habe ich gestaunt. Ich hatte ihn mir größer und wuchtiger vorgestellt. Aber er ist ein Gebäudekomplex von höchster Eleganz und Funktionalität. Kein überflüssiger Prunk, sondern jedes Detail Ausdruck einer Idee von Schönheit. Das war mir neu. Ich fragte nach dem Baumeister dieses Kunstwerks und erhielt die ganz unbescheidene Antwort, der Gott Israels habe dieses Haus erbaut (Ps 127,1).

Z: Und dann traten Sie bei König Salomo ein. Wie erlebten Sie diesen Augenblick? Er muss doch von Ihrer Schönheit und der Pracht Ihres Aufzugs ergriffen gewesen sein.

KS: Das mag sein. Ich kann es nicht sagen. Mich schlug die Rätselhaftigkeit der Begegnung in Bann. Ich war ins Innerste seines Palasts geführt worden. Er kam mir mit den freundlichsten Worten entgegen und lud mich ein, ganz in seiner Nähe Platz zu nehmen. Es war ein Prunksessel für mich bereitgestellt und erlesene Erfrischungen daneben. Hinter mir genug Platz für meine Dolmetscher. Er redete sehr liebevoll zu mir. – Aber ich sah ihn nicht. Ein Hauch von einem Schleier, der aus Licht zu bestehen schien, entzog ihn meinem Blick. Die Worte, die er zu mir sprach, waren herzlich und aufrichtig. Wir sprachen miteinander über viele Stunden. Ich hatte noch nie mit einem derart gebildeten und geistreichen Menschen gesprochen.

Z: Sind Sie sich dann nach dieser ersten Begegnung nähergekommen?

KS: Ja. Im Herzen wurde er mir zum Freund und Ratgeber. Er sprach von mir als seiner königlichen Freundin, der Geliebten seines Herzens, mit der er die Geheimnisse der Welt ausloten könne. Wir gerieten in einen heiteren Wettstreit, wer von uns ein mathematisches, ein philosophisches oder ein politisches Problem am geistreichsten lösen könne. Wir beendeten ihn unentschieden.

Z: Und schließlich kamen Sie zu einer heiligen Hochzeit zusammen, um die freundschaftlichen Bande fester zu knüpfen und zu familiären zu machen mit der Zeugung eines Kindes?

KS: Das wäre zu erwarten gewesen. Aber so war es nicht. Der lichtvolle Schleier blieb zwischen uns. Wir waren uns in unserem Wissen, in unseren Hoffnungen und sogar in unserem Gottesglauben so nahe, dass Herz an Herz rührte. Aber Hände und Lippen berührten sich nicht. Weder am ersten, noch an den folgenden Tagen. Mir fehlte nichts. Braucht es leibliche Nähe, wenn zwei Leben so ineinander übergehen wie in unseren Begegnungen? Beide erlebten wir Stunden größten Glücks und die Erfüllung all unserer Wünsche.

Z: Majestät, wollen Sie damit sagen, dass Sie Jerusalem verlassen haben mit allem beschenkt, was es zu bieten hatte, aber nicht mit dem Samen Salomos? Muss dieser Staatsbesuch nicht als Misserfolg bewertet werden? Konnten Sie ihn nicht dazu bewegen, dass der Schleier beseitigt werde?

KS: Sehen Sie. Es ist möglich, die Sache so oder so zu bewerten. Schon beginnen die Auslegungen … Der Schleier verlor seine Bedeutung, je näher wir uns im Fühlen und Denken kamen. – Ich trage Salomo und seine Weisheit und Herzensgüte in mir, und auch er wird von mir nicht mehr gelassen haben. Ich nahm ihn mit zurück nach Saba und blieb zugleich bei ihm in Jerusalem. – Das liegt jetzt schon Jahre zurück, und meine Augen fragen sich, was sie damals eigentlich gesehen haben: War das Salomo? Und meine Ohren rätseln, wen sie gehört haben. Waren da nicht mehrere Stimmen? Das Herz aber weiß und vergisst nicht.

Z: Dann war Ihre Begegnung kaum mehr als eine Fiktion, womöglich eine großangelegte Täuschung? Historisch jedenfalls nicht haltbar.

KS: Aber warum dieses Urteil jetzt? Sehen Sie nicht, dass diese Begegnung Wirkungsgeschichte hat? Man erinnert sich an sie. Man macht sich Bilder davon. Sie animiert zu Dichtung, Kunst und Musik! Und hat nicht sogar die abessinische Dynastie in dieser Begegnung ihren Ursprung und für mehr als zweitausend Jahre ihren Bestand daraus legitimiert? – Und schauen Sie sich doch um: Wo in Weisheit regiert und mit Herzensgüte gehandelt wird, da ist Salomo und *mehr als Salomo* (Mt 12,42).

Z: Majestät, Ihre Klugheit ist legendär und doch, mit Verlaub: Sie bleiben mir ein Rätsel.
Danke für dieses Gespräch.

10. HIMMELSKÖNIGINNEN!

Die fremden Frauen Salomos (1 Kön 11,1–8)

Barbara Janz-Spaeth

König Salomo liebte neben der Tochter des Pharao noch viele andere ausländische Frauen: Moabiterinnen, Ammoniterinnen, Edomiterinnen, Sidonierinnen, Hetiterinnen.
Es waren Frauen aus den Völkern, von denen der HERR den Israeliten gesagt hatte: Ihr dürft nicht zu ihnen gehen und sie dürfen nicht zu euch kommen; denn sie würden euer Herz ihren Göttern zuwenden.
An diesen hing Salomo mit Liebe.
Er hatte siebenhundert fürstliche Frauen und dreihundert Nebenfrauen. Sie machten sein Herz abtrünnig.
Als Salomo älter wurde, machten seine Frauen sein Herz anderen Göttern geneigt, sodass sein Herz dem HERRN, seinem Gott, nicht mehr ungeteilt ergeben war wie das Herz seines Vaters David.
Er verehrte Astarte, die Göttin der Sidonier, und Milkom, den Götzen der Ammoniter.
Er tat, was böse war in den Augen des HERRN, und war ihm nicht so vollkommen ergeben wie sein Vater David. Damals baute Salomo auf dem Berg östlich von Jerusalem eine Kulthöhe für Kemosch, den Götzen der Moabiter, und für Milkom, den Götzen der Ammoniter. Dasselbe tat er für alle seine ausländischen Frauen, die ihren Göttern Rauch- und Schlachtopfer darbrachten.
(EÜ 2016)

Eine:

Herbei, ihr Frauen! Herbei, ihr Mädchen!
Herbei, ihr Dienerinnen!
Herbei, ihr Klugen und Schönen,
ihr Anmutigen und Lieblichen!

Ihr Geliebten und Verstoßenen, Vertraute und Fremde, Geraubte und Preisgegebene, kommt herbei! Herbei, die ihr aus den Völkern, Stämmen und Sippen hier im Palast zusammengeführt worden seid, um des Königs Macht und Glanz zu bezeugen. Ihm müssen wir dienen, stellvertretend für unsere Völker. Salomo hat uns aus der Schar der Starken und Reichen unserer Stämme erwählt, damit alle erkennen, welch mächtiger Herrscher er sei.

Doch diese Nacht ist unsere Nacht. Mondnacht. Die Nacht der Frauen und unserer Götter. In dieser Nacht feiern wir, was uns lebendig hält. In dieser Nacht danken wir unserer Himmelskönigin. In dieser Nacht zeigen wir uns.

In dieser Nacht erkennen wir uns als Schwestern.

Lasst uns die Himmelskönigin anrufen, die uns vor Unheil bewahrt. Lasst uns zu unseren Göttern beten, von denen uns unsere Mütter erzählt haben mit Worten und in Riten, die wir in uns bewahren. Tretet ein in den heiligen Raum der Begegnung mit unserer Himmelskönigin. Ihr Blick ruht auf uns.

Dieser Raum ist heute Nacht unser Raum. Lasst uns einander voll Freude und Dankbarkeit begegnen, geschmückt mit Geschmeiden der Königinnen, einzigartig eine jede von uns. So besagt es das alte Gedicht:

Die eine, die Schwester ohne ihrer Gleichen,
schöner als jede,
siehe, sie ist wie der Neujahrsstern,
der am Anfang eines guten Jahres aufgeht.

Wunderbar ist sie durch ihren Glanz,
strahlend ist ihre Haut.
Schön sind ihre Lippen, wenn sie redet.
Kein Lob-Wort ist je zuviel.
Gerecht ist ihr Hals,
leuchtend sind ihre Brustwarzen,
ihr Haar ist echter Lapislazuli,
ihre Arme übertreffen Gold,
ihre Finger sind Lotosblumen.[43]

Spielt auf, ihr Musikerinnen! Der Klang der Instrumente öffne unsere Herzen. Unsere Füße beginnen im Rhythmus zu tanzen. Ein kraftvolles, starkes Auftreten; ein leichter und fröhlicher Tanz. Unsere Hüften und Arme schwingen wie die Melodien. Die Geschmeidigkeit unserer Körper ehrt unsere Gottheit.
Zeigt euch! Löst euer Haar, ihr Frauen. Wild und frei, ungebändigt fällt es auf unsere Schultern, bedeckt unseren Rücken, spielt vor unseren Gesichtern beim Tanz. Stets wächst in ihm unsere Lebenskraft weiter; nichts kann unser Haar zähmen. Es wächst und bedeckt, was es bedecken will, und gibt frei, was wir freigeben wollen.

Alle:
Hallelu
Wir preisen die Himmelskönigin
mit unserem Tanz.
Ihr zu Ehren ist diese Nacht.
Frei sind wir in dieser Nacht.
Wir tanzen,
um unserer Himmelskönigin zu danken.
Hallelu

Eine:
Unsere Herzen hören den Klang der Melodien und spüren den Rhythmus. Sie nehmen ihn auf als Pulsschlag des Lebens. So lenkt unser Herz unsere Gedanken, ordnet sie und bewahrt die Schärfe des Verstandes. Kluge und weise Entscheidungen gehen daraus hervor.

Alle:
Hallelu
Wir preisen die Himmelskönigin
mit unserem Herz.
Ihr zu Ehren ist diese Nacht.
Frei sind wir in dieser Nacht.
Wir hören auf unser Herz,
um unserer Himmelskönigin zu danken.
Hallelu

Eine:
Schlagt eure Kehlen voller Freude.[44] Gebt eurer Sehnsucht Nachdruck, sättigt mit dem Atem der Göttin eure Seele. Ihre Kraft macht uns lebendig. Unsere Kehle atmet ein und nährt unsere Seele; unsere Kehle atmet aus, was uns schwächt.
Singt mit der Seele! Erhebt eure Stimmen, preist und jubelt! Dankt für jeden Atemzug mit den hohen und tiefen, den lauten und leisen Tönen, die eure Kehle hervorbringt. Dankt für die Seelenkraft. Vergesst nie eure Sehnsucht nach Leben, nach eurer Heimat, nach euren Müttern und Töchtern.

Alle:
Hallelu
Wir preisen die Himmelskönigin
mit unseren Gesängen.
Ihr zu Ehren ist diese Nacht.
Frei sind wir in dieser Nacht.
Wir singen,
um unserer Himmelskönigin zu danken.
Hallelu

Eine:
Lasst den Bauch kreisen, bewegt das Innerste, bringt es nach außen, dass es sich zeige. In ihm wachsen unsere Kinder heran. Verletzlich, empfindlich gibt unser Bauch ihnen Schutz. In ihm spüren sie, wie es uns geht, und wir spüren, wie es ihnen geht. Unser Bauch birgt all unsere Gefühle: Zorn und Freude, Trauer und Glück, Schmerz und Hoffnung. All das tragen wir in uns, jeden Tag unseres Lebens. Es ist gut, unsere Gefühle im Tanz zu durchmischen. So weicht die Angst der Hoffnung, die Trauer der Erinnerung. Schmerz erfährt Heilung.

Alle:
Hallelu
Wir preisen die Himmelskönigin
mit unserem Bauch.
Ihr zu Ehren ist diese Nacht.
Frei sind wir in dieser Nacht.
Wir lassen den Bauch kreisen,
um unserer Himmelskönigin zu danken.
Hallelu

Eine:
Ziert eure Scham mit Gold und Edelsteinen, mit feinen Ketten und Pailletten, auf dass erklinge, was sie birgt: Freude und Wonne, Zärtlichkeit, Lust, Erregung, Ekstase – trunken vor Liebe. Das monatliche Blut erneuert sie, kündend von unserer Fruchtbarkeit. Empfangen und Gebären werden eins in ihr. Bereit, in heiligen Nächten erkannt und bewohnt zu werden und das Glück zu erahnen, das die Liebe für uns bereitet.
Schützt und bewahrt eure Scham vor denen, die sie entehren und beschmutzen, die ihr Gewalt antun und denen sie nicht heilig ist.

Alle:
Hallelu
Wir preisen die Himmelskönigin
mit unserer Scham.
Ihr zu Ehren ist diese Nacht.
Frei sind wir in dieser Nacht.
Wir schmücken die Scham,
um unserer Himmelskönigin zu danken.
Hallelu

Eine:
Zeigt euer Gesicht und wendet es einander zu. Ein freundlicher Blick wärmt und verheißt Segen.
Zeigt euch mit euren Augen. Euer Blick gibt zu erkennen, was ihr fühlt. Eure Augen enthalten Botschaften, ungesagt, ungehört – sichtbar für offene Augen. So erzählen unsere Augen, was wir nicht aussprechen können.
Eure Nase schnaube, wenn ihr zornig seid. Sie nehme den lieblichen Duft unserer Opfergaben auf, deren Wohl-

geruch bis zur Göttin dringe und sie mit Wohlgefallen erfülle.
Öffnet eure Ohren. Sie hören die Melodie der Worte und verstehen das Mitgesagte zwischen den Worten. Verschließt sie, wenn Schlechtes in sie eindringen möchte.
Lasst die Lippen leuchten. Sie formen unseren Lobpreis in Laute. Schenkt einander zärtliche Küsse, wohlwollend, unsere unsichtbaren Wunden bedeckend. Heute entweichen unseren Mündern Schreie der Lust und der Freude.

Alle:
Hallelu
Wir preisen die Himmelskönigin
mit unserem Gesicht.
Ihr zu Ehren ist diese Nacht.
Frei sind wir in dieser Nacht.
Wir fühlen mit Augen, Ohren, Mund und Nase,
um unserer Himmelskönigin zu danken.
Hallelu

Eine:
Unser Herz wird beschützt von unseren Brüsten. Ihr Anblick stimmt uns froh. Wie zarte Knospen, wie reife Früchte tanzen sie und hüpfen vor Freude. Lasst eure Brustwarzen leuchten, liebkost sie in dieser Nacht. Sie spenden Lust, wecken Begehren. An ihnen nähren sich unsere Kinder und finden Geborgenheit und Trost.

Alle:
Hallelu
Wir preisen die Himmelskönigin
mit unseren Brüsten.

Ihr zu Ehren ist diese Nacht.
Frei sind wir in dieser Nacht.
Wir lassen unsere Brüste hüpfen,
um der Himmelskönigin zu danken.
Hallelu

Eine:
Hebt eure Arme und Hände, lasst die Finger tanzen und kreisen. Sie sind Zeuginnen unserer Fertigkeiten. Sie gestalten und formen unsere Arbeit. Sie halten Schaden und Böses von uns fern und geben uns Schutz. Sie sind vorsichtig und zärtlich in Berührungen und Umarmungen, die wir einander schenken. Mit ihnen reichen wir einander zu, was wir brauchen. Haltet einander mit euren Händen fest und bildet eine Gemeinschaft der Frauen.

Alle:
Hallelu
Wir preisen die Himmelskönigin
mit unseren Händen.
Ihr zu Ehren ist diese Nacht.
Frei sind wir in dieser Nacht.
Wir heben unsere Hände,
um unserer Himmelskönigin zu danken.
Hallelu

Eine:
Zeigt euch! Zeigt euch, ihr Frauen. Zeigt eure Schönheit, eure Klugheit, euren Verstand.
Euer Leib ist des Ansehens wert. Euer Schmuck hebe eure Schönheit hervor.

Zeigt eure Einmaligkeit. Jede von euch ist besonders und mit dem Atem der Göttin erfüllt.
Zeigt, was ihr fühlt und empfindet. Versteckt euch nicht!
Lasst euch nicht wegdrängen! Schweigt nicht!
Zeigt euch!
Seid frei in dieser Nacht, in der wir uns mit der Himmelskönigin verbinden, um zu feiern und heil zu werden an Seele und Leib.
Gesegnete sind wir!
Hallelu!

Alle:
Hallelu! Gesegnete sind wir!
Wir preisen die Himmelskönigin
mit unserem Leib.
Ihr zu Ehren ist diese Nacht.
Frei sind wir in dieser Nacht.
Hallelu! Gesegnete sind wir!

11. MEINEN NAMEN HABEN SIE MIR NICHT GELASSEN

Ijobs Frau (Ijob 1–42)

Claudia Sticher

Wenige Verse nur haben sie mir gewidmet, die heiligen Schreiber. Auf immer bin ich nichts als Ijobs Frau. Meinen Namen haben sie mir nicht gelassen. Mehr noch: Auch meinen Kampf mit Gott haben sie mir nicht gelassen, haben mich zum Schatten gemacht, auf dem Ijobs Rechtschaffenheit nur umso heller strahlt. Aber mein Leben war, ist und bleibt unauslöschlich mit dem seinen verknüpft.

Jung war ich, sehr jung, als er bei meinem Vater um mich warb. Er kam aus einer angesehenen Sippe und galt als rechtschaffener junger Mann. Das war entscheidend in einer Welt, in der ein guter Name über allem stand.

Die Gefährtinnen der Jugend sangen mir den Brautvers: »Höre, Tochter, sieh her und neige dein Ohr, vergiss dein Volk und dein Vaterhaus! An die Stelle deiner Väter treten einst deine Söhne; du bestellst sie zu Fürsten im ganzen Land.« (Ps 45)

Nach den Hochzeitsfeierlichkeiten musste ich den Eltern den Abschiedskuss geben. »Der Allmächtige lasse dich werden wie Sara, Rebekka, Rachel und Lea. Es segne dich der Ewige und behüte dich. Der Ewige lasse sein Angesicht leuchten über dir und schenke dir Frieden.« Das waren die letzten Worte meiner Mutter an mich.

Davor

Ich wusste, dass ich keinen armen Mann geheiratet hatte, doch der Reichtum, den ich sah, überwältigte mich regelrecht. Ijob besaß siebentausend Schafe und Ziegen, dreitausend Kamele, fünfhundert Joch Rinder und fünfhundert Esel, dazu zahlreiches Gesinde. Herden in solcher Größe hatte ich vorher nie gesehen. Ich wurde mit diesem Tag Herrin über eine große Wirtschaft mit all ihren Erfordernissen – ob ich dem allem gewachsen sein würde? Mehr als einmal musste ich das leise Gefühl der Furcht, das mich überfiel, tapfer niederkämpfen. Denn so war ich erzogen: Das zu tun, was das Leben verlangt. Nichts daran ist falsch. Ijob wurde allgemein geachtet, er führte die Geschäfte gerecht und großzügig. Über allem schien der Segen des Allmächtigen zu liegen. Sieben Söhne und drei Töchter brachte ich zur Welt.

Ich pflanzte unseren Kindern die Worte des Weisheitslehrers ins Herz: »Mein Kind, wenn du dem Herrn dienen willst, dann mach dich auf Prüfung gefasst! Sei tapfer und stark, zur Zeit der Heimsuchung überstürze nichts! Hänge am Herrn, und weiche nicht ab, damit du am Ende erhöht wirst. Nimm alles an, was über dich kommen mag, halt aus in vielfacher Bedrängnis! Denn im Feuer wird das Gold geprüft, und jeder, der Gott gefällt, im Schmelzofen der Bedrängnis. Vertrau auf Gott, er wird dir helfen, hoffe auf ihn, er wird deine Wege ebnen.« (Sir 2,1–5)

Wusste ich, was ich da sagte?

Die Kinder wurden erwachsen und gingen in ihre eigenen Familien. Gerne war ich Gast bei den großen Feiern, die mich in ihre Häuser führten, immer an der Seite meines Mannes, dem der Ehrenplatz gebührte. »Ergreife das Wort, alter Mann, denn dir steht es an. Doch schränke die Beleh-

rung ein, und halte den Gesang nicht auf!« (Sir 32,3). Ja, nicht nur Ijob kannte seinen verehrten Weisheitslehrer!
Nach diesen Festen kam Ijob oft nicht zur Ruhe. Insgeheim befürchtete er, durch Gesang und Tanz wäre die Grenze zur Ausgelassenheit überschritten worden. Und das wäre nicht mehr gottgefällig! Er wollte sichergehen und entsündigte unsere Kinder, falls doch eine Unbedachtheit den Zorn des Höchsten erregt haben sollte.
Es war das erste Mal, dass mir Zweifel kamen an Ijobs Haltung. War der Allmächtige droben wirklich eine Krämerseele, die versöhnt werden wollte, selbst wegen unbewusster Vergehen? Sah Ijob ihn wirklich so?
Über den Alltagsdingen vergaß ich diese Grübelei wieder. Morgens wies ich den Mägden das Kornmahlen an, mittags färbte ich Wolle ein und abends sorgte ich dafür, dass niemand sich hungrig schlafen legen musste. Da blieb weder Zeit noch gab Ijob mir Anlass, ihn ständig infrage zu stellen. Das Leben an der Seite eines rechtschaffenen Menschen ist angenehm.

Danach

Doch dann kam jener Tag.
Alle seine Stunden stehen mir vor Augen, als sei es gestern gewesen; die Worte sind auf ewig eingebrannt in meine Seele. Ein Bote jagte den anderen, eine Botschaft übertrifft die vorige an Schrecken. Vier Schläge gingen auf uns nieder:
Ein Bote, der erste, wie ich später zählen würde, kam zu Ijob gestürmt und meldete: »Die Rinder waren beim Pflügen, und die Esel weideten daneben. Da fielen Sabäer ein, nahmen sie weg und erschlugen die Knechte mit scharfem Schwert. Ich ganz allein bin entronnen, um es dir zu berich-

ten.« Noch ist dieser am Reden, da kommt schon ein anderer und sagt: »Feuer Gottes fiel vom Himmel, schlug brennend ein in die Schafe und Knechte und verzehrte sie. Ich ganz allein bin entronnen, um es dir zu berichten.« Noch ist dieser am Reden, da kommt schon ein anderer und sagt: »Die Chaldäer stellten drei Rotten auf, fielen über die Kamele her, nahmen sie weg und erschlugen die Knechte mit scharfem Schwert. Ich ganz allein bin entronnen, um es dir zu berichten.« Noch ist dieser am Reden, da kommt schon ein anderer und sagt: »Deine Söhne und Töchter aßen und tranken Wein im Haus ihres erstgeborenen Bruders. Da kam ein gewaltiger Wind über die Wüste und packte das Haus an allen vier Ecken; es stürzte über die jungen Leute, und sie starben. Ich ganz allein bin entronnen, um es dir zu berichten.« (Ijob 1,14–19)

Es war der Tag, an dem uns alles genommen wurde, alles. Mit den Knechten und dem Vieh verloren wir allen Wohlstand. Doch was bedeutete mir der Wohlstand? Keines der Kinder blieb am Leben. Nicht nur die Freude meines Lebens, auch die Stütze unseres Alters war weggebrochen.

Ich wollte klagen wie einst David um Saul und Jonathan: »Israel, dein Stolz liegt erschlagen auf deinen Höhen. Ach, die Helden sind gefallen!« (1 Sam 1,19). Meine Söhne waren doch meine Helden, meine Töchter mein ganzer Stolz. Doch kein Wort entrang sich meinen Lippen, zu groß mein Leid, um es in Worte zu fassen.

Ich suchte Trost bei Ijob, wollte mit ihm klagen über unser Los, wollte auch den anklagen, den wir den Allmächtigen nannten. – Wenn er allmächtig war, wieso hatte er uns das nicht erspart? Blieb an einem solchen Tag nicht nur dies – ihm abzuschwören, der uns alles genommen hatte?

Ijob verbat sich meine Zweifel. Grob hieß er mich, still zu sein, und sprach stattdessen: »Der Herr hat gegeben, der Herr hat genommen; gelobt sei der Name des Herrn.«
Das vermochte ich nicht zu hören, geschweige denn zu ertragen, hielt mich fern von ihm. Ijob vollzog allein die vorgeschriebenen Riten. Er stand auf, zerriss sein Gewand, schor sich das Haupt, fiel zu Boden und sprach die hergebrachten Gebete. Ich tat es nicht. Ich konnte es nicht. Ich konnte nichts mehr.
Selbst wenn mir unbegreiflich blieb, warum an diesem Tag die Welt nicht stillstand, so folgten dem Unglückstag neue Tage. Irgendwie ertrug ich das Begräbnis unserer Kinder, vom Schmerz betäubt, nahm die Trostworte entgegen, die mir zugesprochen wurden. Hatte keinen Blick für die große Zahl an Gästen, die sich eingefunden hatte.
Ich sehnte den Moment herbei, wenn alle wieder fort sein würden, wenn ich Ruhe haben würde für den Schmerz, der alles in mir leer zu fressen schien, mir schier den Verstand raubte. Der Schlaf floh meine Augen in dieser Nacht. Auch in den folgenden fand ich keine Ruhe, richtete mich im Tiefpunkt der Erschöpfung ein.
Doch es sollte noch weitergehen. Ijob selbst befielen Geschwüre am ganzen Körper. Kein Flecken Haut blieb heil. Ich ekelte mich vor dem Anblick, schämte mich dafür wegzuwollen.
Unwillkürlich zuckte mir das Wort des Propheten durch den Sinn: »Viele haben sich entsetzt über ihn, so entstellt sah er aus, nicht mehr wie ein Mensch, seine Gestalt war nicht mehr die eines Menschen … ein Mann voller Schmerzen, mit Krankheit vertraut.« (Jes 52,14; 53,3)
Es tat mir in der Seele weh, ihn so zu sehen. Aber das Leid über den Tod der Kinder verschloss mir die Lippen. In mei-

ner Brust war nur noch Stein, ich konnte ihm – meinem Mann – mein Mitleid nicht zeigen. Doch, da war es schon. Aber ich musste es tief in meiner Seele begraben, als kleine flackernde Flamme auf dem Grund. Wäre diese Feuersbrunst ausgebrochen, wie hätte ich sie löschen sollen?
So haderten wir jeder für sich, einen Weg zum anderen gab es nicht mehr.
Und ich, ich hatte die Brücke zerstört, als es aus mir herausgebrochen war: »Fluche Gott und stirb.« – Es war zu viel, ich konnte es einfach nicht ertragen. Wo war er denn, der fremde Gott, der uns so allein ließ? Mein Mann schalt mich eine Törin, da ließ ich ihn allein, wollte nicht noch belehrt werden in all dem Leid.
Kraft zur Entgegnung – woher hätte ich sie nehmen sollen? Also drehte ich mich stumm weg.

Drei Freunde – Elifas, Bildad und Zofar

Gerecht und fromm – ich weiß schon, wie sie über Ijob sprechen. Und natürlich wollten alle erleben, wie er, der Gerechte und Fromme, reagierte, wenn ihm die sichtbaren Zeichen seiner Rechtschaffenheit genommen wurden. Sie kamen bald. Die drei Freunde Elifas, Bildad und Zofar, ich kannte sie lange, hatte sie oft genug bewirtet. Doch dieses Mal gab es nichts für mich zu tun. Nicht einmal dabei sein durfte ich. Ijob war draußen, betrat das Haus nicht mehr, und so sollte es für weitere sieben Tage bleiben. Die Freunde teilten seinen Platz auf der Erde, bei der Asche. »Gedenke Mensch, von der Erde bist du genommen und zur Erde kehrst du zurück.«
Sieben Tage verharrten sie schweigend. Es war ein Freundschaftsdienst ohnegleichen, diese Tage des Elends still mit

ihm zu teilen. Sie waren da und hielten stand und hielten mit ihm aus. Keiner ergriff vorschnell das Wort.
Nun war die erste Woche um. Ein guter Zeitpunkt, so mochten sie gedacht haben, um Ijob etwas Tröstliches zu sagen. Doch den Trost der Freunde konnte er nicht annehmen. Fast tat es mir wohl, weil er doch auch mich schroff zurückgewiesen hatte. Mein Leid und meine Einsamkeit in allem Kummer wären noch schlimmer geworden, wenn es den Freunden gelungen wäre, zu ihm durchzudringen, ihn zu trösten. Aber nichts dergleichen.
Heute erst sehe ich, wie allein ich in dieser Zeit war. Keine Freundin an der Seite, keine Schwester, Kinder gab es ja keine mehr.
Endlich brach Ijob sein Schweigen, beendete das Ritual der sieben Tage. Was mochte sich in ihm angestaut haben?
Seine Klage erschreckte uns alle. Keineswegs war er zur inneren Ruhe vorgedrungen. Nein, er ging bis zum Äußersten und verfluchte den Tag seiner Geburt, ja, den Augenblick seiner Empfängnis. »Ausgelöscht sei der Tag, an dem ich geboren bin, die Nacht, die sprach: Ein Mann ist empfangen. Warum starb ich nicht vom Mutterschoß weg, kam ich aus dem Mutterleib und verschied nicht gleich?« (Ijob 3,3.11)
Die Freunde wichen zurück. Das konnten sie so nicht stehen, nicht auf sich sitzen lassen.
Rede um Rede der Freunde erging, Ijob wies sie ab. »Wohl dem Menschen, dem sein eigener Mund keine Vorwürfe macht, der nicht klagen muss vor Kummer über seine Sünden.« (Sir 14,1)
Ich kannte die Argumente, selbst wenn ich dieses Mal der ferne Zaungast war, nicht dabei sein durfte im Kreis der Redenden. Ich wusste, worauf es hinauslief: Nimm alles an

aus Gottes Hand, das Unheil, das dich trifft, ist Folge deiner Vergehen, Strafe für deine Sünden. – Aber ich sah nicht, wo er gefehlt haben sollte, mein Ijob, der Menschenfreund, der Aufrechte, er, der in Gottes Geboten stärker zu Hause war als in unserem Heim. Und so prallten die Reden an ihm ab, eine nach der anderen.

Elifas forderte ihn auf, sich fragend an den Höchsten zu wenden, um ihm die eigene Sache vorzutragen. Sah er denn nicht, dass Ijob die Kraft zur Frage gar nicht mehr hatte? Er suchte ja gerade das Ende, um sich keinen Argumenten mehr stellen zu müssen. Mich schauderte, als ich seine Entgegnung hörte: »Wollte Gott mich doch zermalmen, das wäre noch ein Trost für mich. Doch er wendet sich nicht einmal für den Augenblick ab, den ich brauche, den eigenen Speichel zu schlucken.«

Ijob litt nicht unter der Abwesenheit Gottes – nein, sein durchdringender Blick verursachte die Qual. Gottes Anwesenheit war ihm derart bedrängend, dass er nicht einmal in Ruhe und unbeobachtet zu schlucken vermochte! Unglaubliches und beängstigendes Bekenntnis zur Allgegenwart Gottes: Er war zu sehr da!

Ijob zu nah – mir zu fern: Mein Gott, wie soll der Mensch das aushalten?

Elifas trat ein wenig zurück, eine Geste, die mich berührte, denn es war fast, als wolle er von einer Bühne abtreten. Zu sagen hatte er vorerst nichts mehr. Doch Ijobs Schicksal, es war keine Vorstellung.

Oh Ijob, wohin trieb dich dieser unselige Wettstreit der gelehrten Reden? Auf Ruf und Stellung pochen, die Fassung verlieren, selbstgerecht zum Angriff übergehen – wann hatte ich das jemals vorher an dir gesehen?

Noch heute zittere ich bei der Erinnerung an das, was Ijob hervorstieß: »Was ihr wisst, das weiß ich auch, ich falle nicht ab im Vergleich mit euch. Doch ich will zum Allmächtigen reden, mit Gott zu rechten ist mein Wunsch.«
Das war Gotteslästerung! Ich erwartete, dass sich die Erde auftun würde, um ihn, der so vermessen redete, zu verschlingen.
Doch zunächst geschah nichts. Nichts. Dann ergriff wiederum Elifas das Wort. »Dein eigener Mund verurteilt dich – nicht ich! – deine Lippen zeugen gegen dich.« Ja, auch wenn ich es nicht wahrhaben wollte, ich gab ihm recht.
Wären doch diese Freunde nie gekommen. Alles zerrann zwischen den Fingern. Lange und sichere Freundschaft ebenso wie die lange und sichere Kette der Glaubensweitergabe. Es war, als schwanke der Boden unter mir.

Es musste etwas geschehen.
Und es geschah etwas – ein Unwetter zog auf.

Wer jetzt vermutet, wie einst bei Elija sei Gott nicht im Sturm, der täuscht sich! Gott war im Sturm, ja. Wie sehr hätte ich mir gewünscht, dass der Herr nicht im Sturm gewesen wäre, sondern im sanften Säuseln, das dem Gewitterbrausen erst folgte. Doch so gnädig wie einst Elija kamen wir nicht davon.
Der Wettersturm kam ganz plötzlich. Anders als die Freunde machte Ijob keinerlei Anstalten, sich in Sicherheit zu bringen. Er ahnte wohl, dass er dieser Gewalt nicht würde entrinnen können.
»Wer ist es, der den Ratschluss verdunkelt mit Gerede ohne Einsicht?« – Das hatte bisher niemand über Ijob gesagt, ihn,

den Klugen und Besonnenen. Der Sturzregen wusch alle seine Argumente weg.
»Auf, gürte deine Lenden wie ein Mann: Ich will dich fragen, du belehre mich!«
Die Herausforderung überstieg menschliches Maß. Ijob würde dem Allmächtigen jede Antwort schuldig bleiben: »Wo warst du, als ich die Erde gegründet? Sag es denn, wenn du Bescheid weißt. Wer setzte ihre Maße? Du weißt es ja. Wer hat die Messschnur über ihr gespannt? Wohin sind ihre Pfeiler eingesenkt?« (Ijob 38,4–6) So ging es fort um fort. Ijob musste sich fragen lassen, ob er jemals in seinem Leben dem Morgenrot geboten hätte, den Tag dämmern zu lassen. Höhen und Tiefen der Erde wurden durchschritten, der Allmächtige nannte die tiefsten Geheimnisse der Natur, deren Herr er ist, beim Namen. Allein das Zuhören aus der Ferne ließ mich schaudern ob dieser Größe und Macht, die sich da zeigte.
Was konnte der aus Lehm Geformte da noch sagen? Furcht, mein Mann könne ob seiner Reden und Herausforderungen nun auf der Stelle sein Leben verlieren, befiel mich.
Ijobs Antwort kam: »Siehe, ich bin zu gering. Was kann ich dir erwidern? Ich lege meine Hand auf meinen Mund. Einmal habe ich geredet, ich tu es nicht wieder; ein zweites Mal, doch nun nicht mehr!« (40,3–5)
Ijob konnte nun sein Unvermögen eingestehen: »Ich habe erkannt, dass du alles vermagst; kein Vorhaben ist dir verwehrt … So habe ich denn im Unverstand geredet über Dinge, die zu wunderbar für mich und unbegreiflich sind. Hör doch, ich will nun reden, ich will dich fragen, du belehre mich! Vom Hörensagen nur hatte ich von dir vernommen; jetzt aber hat mein Auge dich geschaut.«

Wiederum stockte mir der Atem. Ijob, der Mensch, mit dem ich mein Leben verbrachte, hatte den Herrn gesehen – und war am Leben geblieben. Seit der Zeit der Erzeltern war es unserem Volke klar: »Kein Mensch kann Gott sehen und am Leben bleiben«. Das Geheimnis war zu überwältigend, ein Mensch war in der Sphäre des Göttlichen zugleich in höchster Lebensgefahr.

Und Ijob durfte ihn schauen! Erst als er alles Reden, alles Fragen, alles Hadern und Suchen hinter sich ließ, da ergriff ihn das Geheimnis Gottes.

»Jetzt hat mein Auge dich geschaut« – was gab es mehr zu sagen? Schier Menschenunmögliches war ihm widerfahren, seine Fragen waren gestillt. Eine ungekannte Ruhe trat ein, kam auch über ihn selbst. Er musste sich nicht mehr erschöpfen in den vielen Dingen, die zu verstehen ihm vorher nicht möglich war. Sein Geist konnte die Fragen nun einfach ruhen lassen – das war das Unvorstellbare.

Ein Ruhepunkt war erreicht. Ijob fand Antwort in der Gabe des Jetzt. Er war eingetreten mitten in das Auge des Sturmes, wo die Ruhe am größten ist. Mehr gab es für ihn nicht mehr zu sagen.

Unser Leben fand wieder in die alten Bahnen. Er sprach nicht oft von den Tagen größter Heimsuchung, beging das Gedenken an die verstorbenen Kinder rituell. In den Gesprächen räumte er ihnen wenig Platz ein. Als sollte der Alltag ihm wieder Boden unter die Füße bringen, so gab er sich ganz und gar den Erfordernissen eines jeden Tages hin. Weil Ijob in den guten Tagen seine Hand dem Elenden nicht verschlossen hatte, wurde uns nun viel Hilfe zuteil. Der Besitz erholte sich, mir schien, der Segen des Allmächtigen ruhte wieder auf unserem Tun. Doch machte das

ungeschehen, was in den schlimmsten Tagen meines Lebens über Ijob und alle mit ihm gekommen war?
Ich konnte mich nicht einfach nur freuen. Ijob hatte in all dem mit keinem Gedanken an mich, seine Frau, gedacht. Es war auch mein Leben, das mit ihm auf dem Scherbenhaufen lag. Es waren unsere, nicht nur seine Kinder, die der Unglückstag uns genommen hatte. Und so sehr ich Ijob dafür geliebt hatte, wie er in all den Jahren davor auch mein Leben, meine Hoffnungen und meine Sorgen mitbedacht hatte, so sehr entfremdete es ihn mir, dass er nun an mich keinen Gedanken zu verschwenden schien. Mein Mann lebte, genas – aber genommen war er mir auf andere Weise. Erstmals fühlte ich mich ganz und gar allein. Eine Verlassenheit, wie sie nicht einmal in den ersten Tagen in der Fremde meine Seele bedrückt hatte, suchte mich heim. Wer sah mein Leid? Wer richtete seine Augen auf mich, Ijobs Frau? Denn das war ich auf einmal geworden – Ijobs Frau.

Wann fiel es mir eigentlich auf, dass selbst Ijob mich nicht mehr beim Namen rief? Nur noch »Frau«, dabei durchaus ehrerbietig. Aber so wenig wie die Namen der verstorbenen Kinder, so wenig wollte ihm der meine noch über die Lippen. Oh, wie ich es vermisste, denn er hatte viele Namen für mich: Meine Lilie, meine Schöne, mein Täubchen und dann natürlich – Sitides – den Namen, den die Eltern für mich gewählt hatten. Wie konnten die Späteren ihn nur unterschlagen. Ijobs Frau – als reichte das allein aus, um mein Leben ganz und gar zu umreißen. Erst im Namen wird die Person greifbar. Name ist nicht Schall und Rauch, Name ist Wesen und Bedeutung, Bestimmung und Ziel.

Und nun stieß er mich regelrecht zurück aus dem Kreis der Menschen, indem er meinen Namen nicht mehr nannte. Was denn noch? Wie sollte ich das noch tragen?
Ich haderte mit dem Allmächtigen. Wandte mich ab, vernachlässigte die religiösen Pflichten, sprach die Gebete mechanisch und ohne Anteilnahme, denn wenn ich mich ihnen wirklich innerlich widmete, stieg lodernder Zorn in mir auf. Oder Traurigkeit, die mich wegzuschwemmen drohte. Mühsam hielt ich das Schluchzen zurück, blinzelte heftig, um die Tränen am Überfließen zu hindern. Fühlte, wie die Kraft aus mir wich, wenn ich mich den Gedanken überließ. Geblieben war von mir eine Hülle, die ihre Aufgaben treu erfüllte, innerlich aber war ich leer.
Selbstquälerisch rief ich mir die Augenblicke des Unglückstags wieder und wieder ins Gedächtnis, nur um stets ein Häkchen zu finden, an dem sich der Gedanke »was wäre anders gewesen, wenn« festmachen konnte. Was, wenn ich meinen Einfluss geltend gemacht hätte, um dieses oder jenes abzuwenden, wenn, wenn, wenn.

Mein Hirn bohrte sich in das »Warum nur, warum?« hinein. Ein »Wozu« sah ich ebenso nicht …
Fragen, nichts als Fragen.
So neu war das nun wiederum nicht …

Das ganze Leben Ijobs war eine einzige Frage: »Ijob – Wo ist der Vater?« – Da hatten seine Eltern ihm wirklich einen sprechenden Namen gewählt, einen Namen, an dem er sich sein Leben lang abmühen musste.
Wo ist der Vater? – Im Gottesdunkel des Unglücks tönte diese Frage mit all ihren Untertönen, mal leise und fragend, dann auch schrill und anklagend.

Wo ist der Vater? – Ijob war nicht auf mich, auf sein menschliches Gegenüber ausgerichtet, einzig der Vater im Himmel konnte die Frage beantworten, die seine ganze Existenz verkörperte.

Vielleicht war es mir nicht vergönnt, mich so kühn an den Allmächtigen selbst zu wenden wie mein Mann. Wer war ich denn? Von Kindheit an dazu angehalten, meinen Bereich zu achten und ihn nicht zu überschreiten, meine Rolle in Familie und Sippe hinzunehmen als Los und Glück zugleich. Mein Gotteswissen und mein Weltwissen waren aus zweiter Hand, stets vermittelt durch jemanden, erst die Mutter, dann den Mann.

Und dieses »aus zweiter Hand« hatte ja auch die schlimmen Tage der Dispute mit den Freunden bestimmt – auch dort hatte ich alles nur auf diese Weise mitbekommen. Nur mein Schmerz, der war unmittelbar und stark.

Irgendwann hatte ich mich gefragt, wieso ich überhaupt am Leben geblieben war. Wie es schien, wollte der Allmächtige ihm doch wirklich alles nehmen – war ich also nichts? So unbedeutend, dass es gleichgültig war, ob ich verschont wurde oder nicht? Fast wollte ich angesichts dieses Gedankens die Hand auf den Mund schlagen, so durfte ich nicht einmal denken. Am Sinn des Lebens zu zweifeln, hieß lästern, hieß sündigen. Und genauso schnell verdrängte ich den anderen Gedanken, der mir den Atem stocken ließ: Wenn Ijob an seiner Krankheit, an Gram, Trauer und Erschöpfung gestorben wäre, hätte er mich rechtlos in der Fremde zurückgelassen, denn Söhne, die mein Recht zu wahren gewusst hätten, waren nicht mehr am Leben. Das

Los einer Witwe, für die keine Großfamilie und kein Stamm einstand, hing vom Wohlwollen der Nachbarn und Freunde ab.

Schwestern

Gefangen in meinen Gedanken hatte ich die Unruhe nicht bemerkt, die sich um mich herum verbreitet hatte, doch nun waren die Rufe unüberhörbar: »Reisende nahen!« Die herbeigelaufenen Kinder kündigten die Gäste an, meine Augen vermochten außer einigen Staubwolken noch nichts auszumachen. Innerlich straffte ich mich, um meine Rolle als Herrin des Hauses erfüllen zu können. Wenngleich das Hauswesen längst nicht mehr die frühere Größe hatte, so fiel mir selbst das Überschaubare schwerer als jemals in den glücklichen Zeiten, die nie mehr kommen würden. Wie gerne hätte ich mit dem Schwung jener Tage das Mahl für die Gäste gerichtet und mich ehrlich über die Abwechslung gefreut. Heute war alles nur mühsam. Aber es musste sein – der Gast war heilig und ihm aufzuwarten gereichte dem Haus zur Ehre. Also dann.

Es war meine Schwester! Ich hatte kaum gewusst, dass ich noch so schnell laufen konnte, doch sobald mir ihr Name ans Ohr, – nein: ans Herz – drang, fiel die Trägheit von mir ab. Timna! Sie hatte den weiten Weg zurückgelegt, um mich zu sehen, mir beizustehen, mich zu trösten. Vertraute in Kindertagen, Hüterin der ersten Geheimnisse, Sängerin meines Hochzeitsverses, schmerzlich Vermisste seit meiner Heirat in die Fremde, über alles geliebte große Schwester!

Ich lief ihr entgegen und hatte im Nu ein tränennasses Gesicht. Tränen der Trauer um die Kinder, die ihrer Tante nie mehr begegnen würden, Tränen über die unwiederbringlich verlorene Kindheit und die Unbeschwertheit unserer frühen Jahre, Weltschmerz, Gottesschmerz und in allem ein Funke von Freude, die also in mir doch nicht vollends gestorben war. Meine Schwester!

Die Jahre waren auch an Timna nicht spurlos vorübergegangen, wie denn auch. Und da hatte sie es auf sich genommen, den weiten Weg ins Land Uz zu machen, um mich zu sehen! Was mochte sie an Unbill ertragen haben – und wer stand dem Hauswesen vor, solange sie abwesend war? Doch sie umarmte mich und ließ mich keine der Fragen stellen, die doch so nahe lagen. Beide weinten wir, weinten lange und schluchzend.

Als wir uns voneinander lösten, waren die Fragen unwichtig geworden. Miteinander zu schweigen das der Stunde Angemessene. Ich wollte die Schwester ins Haus begleiten, wo hilfreiche Hände schon Wasser gewärmt und eine Mahlzeit gerichtet hatten. »Zeig mir erst, wo sie liegen.« Kaum sah ich den Weg zu den Gräbern durch meinen Tränenschleier hindurch. Wir gingen die Anzahl an Schritten, die Grabstätten von Wohnhäusern entfernt zu liegen haben, damit sie das Anwesen nicht unrein machen. Umarmt von meiner Schwester stand ich vor den Hügeln, die nun zu meinem Leben gehörten. Sie bargen, was ich verloren hatte. Timna wiegte sich betend und stimmte halblaut eine Wehklage an, bevor es auch ihr die Stimme versagte. Wir blieben lange schweigend dort. Verloren uns in eigene Gedanken, tauchten unter in der Trauer, wurden wieder hochgespült, indem wir den Blick der anderen und darin Halt fanden, wenn es auch an Worten gebrach. Seltsam. Die

Anwesenheit meiner Schwester schenkte mir Trost, wo ich sonst doch kaum die Magd ertrug, die mich zu den Gräbern begleitete. Ijob und ich, wir gingen jeder für sich alleine zum Totengedenken, kaum je gemeinsam.
Zum ersten Mal wurde meine Einsamkeit behutsam aufgebrochen. Zum ersten Mal konnte ich wieder dankbar sein für das Licht dieses Tages.
War es der Höchste, der mich rief, war es meine Schwester?
»Sitides, komm.«

Und ich trat ein ins Leben.

12. ÜBER LEICHEN GEHEN

Tobits Frau Hanna (Tob 2,11–14; Tob 3,7–9)

Claudia Sticher

In jener Zeit verdiente meine Frau Hanna Geld durch Frauenarbeiten. Sie schickte die Arbeiten ihren Herren und die bezahlten ihr den Lohn. Einmal, an einem siebten Dystros, stellte sie das Webstück fertig und schickte es den Herren und die gaben ihr den ganzen Lohn und schenkten ihr dazu ein Ziegenböcklein für den Herd. Als sie zu mir heimkam, begann das Böcklein zu meckern. Da rief ich sie und sagte: Woher ist dieses Böcklein? Ist es etwa gestohlen? Gib es seinen Herren zurück! Wir haben kein Recht, etwas Gestohlenes zu essen. Sie sagte zu mir: Es wurde mir als Geschenk zum Lohn hinzugegeben. Ich aber glaubte ihr nicht und sagte, sie solle es den Herren zurückgeben und ich wurde rot vor Zorn über sie. Darauf erwiderte sie und sagte zu mir: Und wo sind jetzt deine Werke der Barmherzigkeit? Wo sind deine gerechten Taten? Es ist doch bekannt, was mit dir los ist!

(EÜ 2016)

Am selben Tag geschah es Sara, der Tochter Raguëls in Ekbatana in Medien, dass auch sie Spottreden von einer der Mägde ihres Vaters anhören musste. Sie war sieben Männern zur Frau gegeben worden, aber der böse Dämon Aschmodai hatte sie getötet, bevor sie mit ihr zusammengekommen waren, wie es den Ehefrauen vorgeschrieben ist. Die Magd sagte zu ihr: Du bist es, die deine Männer tötet! Siehe, schon sieben Männern bist du zur Frau gegeben worden und nach keinem von ihnen bist du mit Namen genannt worden. Warum behandelst du uns hart? Wenn deine Männer gestorben sind, so geh mit ihnen! Mögen wir in Ewigkeit weder Sohn noch Tochter von dir sehen! (EÜ 2016)

»Weißt du eigentlich, dass ich eifersüchtig auf dich war, Raffael?«
Wenn schon Abschied nehmen, dann in aller Ehrlichkeit. Ich bin Hanna, Frau des Tobit, Mutter des Tobias.[45]
Überrascht schaut er mich an, der Fremde, der unseren Sohn begleitet hat.
»Ja, eifersüchtig. Tobit und ich, wir waren am Tiefpunkt. Die guten Jahre unserer Ehe waren vorbei, und da gab dir mein Mann unseren Sohn, um wegzugehen. Mir war, als hätte er ihn mir aus dem Herzen gerissen.«
Sein aufmerksamer Blick. Urteilsfrei. Vor ihm kann ich aussprechen, was sonst niemand ahnt.
»Vielleicht wäre ich am liebsten selbst weggegangen … Tobit ist ein gerechter Mann, der ganz in Gottes Geboten lebt. Für ihn war immer fraglos, sich und sein Tun in den Mittelpunkt zu stellen. Er war dazu erzogen, alle Weisungen zu halten, und danach richtete er sich ausnahmslos. So viele Warnungen schlug er in den Wind. Das Gebot, Tote zu begraben, brachte ihn wieder und wieder in heikle Situationen. Mehr als einmal fragte ich ihn, ob es nur Schwarz oder Weiß gibt, ob seine Art von Gesetzestreue es wert war, alles zu verlieren? Ob er manchmal an unseren Sohn und mich dachte, wenn er Kopf und Kragen riskierte? – Manchmal schien er mir nicht tapfer, sondern blind vor Eifer.«
Ich unterbreche mich erschrocken, schlage mir die Hand auf den Mund. Rechne es Raffael hoch an, mich nicht zu

tadeln. Im Gegenteil: »Sprich weiter, Hanna, sprich es aus. Noch heute werde ich gehen, wir sehen uns nicht mehr. Was du mit anvertraust, wird mit mir im Himmel aufgehoben sein, den Ohren der Menschen entzogen.«

»Blind, noch bevor er dann wirklich blind wurde … Raffael, so habe ich das nie gesehen: Die Fäden unserer Geschichte sind dicht gewoben. Eine Frau darf ihren Mann nicht infrage stellen. Tobit hatte viel hinter sich: Er wurde früh Waise, seine Großmutter Debora zog ihn auf. Das war der erste Verlust in seinem Leben, Vater und Mutter nicht mehr zu haben.«

»Das prägt einen Menschen tief … – Der erste Verlust, sagst du? Was kam noch?«

»Der zweite Verlust war der unserer Heimat. Die Assyrer verschleppten uns bis nach Ninive. In der Fremde den Glauben nicht aufzugeben, wenn der Rahmen dafür fehlt, das ist eine große Versuchung.« Er lächelt wissend. »Das ist noch immer nicht alles, oder?«

»Schon so lange leben wir in der Fremde, wie konnten wir da auf eine Schwiegertochter aus der eigenen Sippe hoffen? Du weißt, dass unser Volk keine Ehen mit den Fremden eingeht, die nicht an unseren Gott glauben. Dieses Gebot hätten wir niemals übertreten.«

Sinnierend fasse ich zusammen: »Erst die Herkunft – die Eltern –, dann die Heimat – das geliebte Galiläa –, und dann die Zukunft, falls unser Sohn keine passende Braut finden würde. Wer wollte da nicht an der Güte des Herrn zweifeln? Es soll Tobit nicht als Sünde angerechnet werden.«

»Und du, Hanna, kamen dir auch Zweifel?«

Ungewohnt, so direkt gefragt zu werden …

»Dazu blieb mir keine Zeit, schließlich musste ich für unseren Lebensunterhalt sorgen, nachdem mein Mann erblindet war.«

»Wie kam es dazu?«

»Ganz tragisch war das: Vogelkot fiel ihm in die Augen, weil er im Freien übernachtete. Er war durch ein Begräbnis unrein geworden, also blieb er unserem Haus fern. Wieder ein Verlust für ihn: Herkunft, Heimat, Zukunft und Augenlicht. Und irgendwie verlor er auch sein Vertrauen in die Welt, sonst hätte er mich niemals verdächtigt.«

Mir wird der Hals eng. Soll ich das wirklich alles erzählen? Einem Fremden?

Raffael ist gesammelte Aufmerksamkeit, ein Geschenk des Himmels, denke ich. Auch mir geschickt, nicht nur Tobit und unserem Sohn.

Mit gesenktem Blick bringe ich es über die Lippen: »Unvorstellbar, dass er mich in gesunden Tagen verdächtigt hätte, etwas gestohlen zu haben. Niemals wäre ihm auch nur der Gedanke daran gekommen.«

Bevor ich das Schwere ausspreche, muss ich Tobit in Schutz nehmen. Das bin ich ihm schuldig, mir auch. Deutlich leiser, als würde ich zu mir selbst sprechen, fahre ich fort: »Nachdem er das Licht nicht mehr sah, hatten es die Dunkelheiten leichter, sich in seine Seele zu stehlen. Anders kann ich es mir nicht erklären. Er sah sich aus dem Zentrum gerückt. Für ihn gab es nur einen Mittelpunkt der Familie, nämlich ihn selbst, das gelehrte und gerechte Familienoberhaupt. Und was soll ich sagen? Manchmal hatte ich den Eindruck, Tobit hätte mein Scheitern leichter ertragen als meinen bescheidenen Erfolg. Wäre er wirklich lieber verhungert, als von der Arbeit meiner Hände abhängig zu sein?«

Raffael schweigt, ich erwarte auch keine Antwort, will mir bloß etwas Mut machen, um endlich die Szene zu erzählen, die sich in meine Erinnerung gebrannt hat: »Mit Webarbeiten verdiente ich genug zum Leben für uns Drei. Man lobte die Qualität meiner Stücke sehr. Eines Tages schenkten mir reiche Kunden ein Ziegenböckchen zum Lohn hinzu, aus Großherzigkeit. Beschwingt eilte ich nach Hause, neben mir das Meckern des Böckchens, Musik in meinen Ohren. Gleich würde mein Mann einstimmen in meinen Dank, meine gute Laune. Gleich …
– Was musste ich stattdessen hören? ›Woher ist dieses Böcklein? Ist es etwa gestohlen? Gib es seinen Herren zurück! Wir haben kein Recht, etwas Gestohlenes zu essen.‹ Rot wurde er vor Zorn bei seiner Anklage. Ich kannte meinen Mann kaum wieder. Es lag außerhalb seiner Vorstellungskraft, dass die Welt mir etwas Gutes tat.«
Die Schamröte ist schneller als meine Erzählung, mein Gesicht brennt: »Derart angegriffen, schlug ich zurück mit Worten, die ihn verletzen sollten: ›Und wo sind jetzt deine Werke der Barmherzigkeit? Wo sind deine gerechten Taten? Es ist doch bekannt, was mit dir los ist!‹ – Nie wieder sprachen wir darüber.«
Raffael nickt: »Und dann kam ich des Wegs …«
»Unseren Sohn Tobias loszuschicken war einer der einsamen Entschlüsse meines Mannes Tobit. Mir teilte er ihn mit, als alles längst feststand.«
»Für dich war ich einfach ein beliebiger Reisender, den dein Mann als Begleiter für deinen Sohn ausgewählt hat, Hanna. Wer wollte dir verübeln, wenn du dich übergangen fühltest?«
»Genau genommen erfuhr ich alles von Tobias, als der sich reisefertig machte. Es gebe da dieses Geld, von Tobit vor

langer Zeit hinterlegt, das er als Sohn nun holen solle, bevor der Vater stirbt. Ich war so überrumpelt und enttäuscht, auch besorgt, dass ich in Tränen ausbrach.«
Er schweigt. Ein gutes, wissendes Schweigen.

»Ich weinte oft, nachdem ihr aufgebrochen wart. Es war mir egal, ob mein Mann es mitbekam, sehen konnte er mich ja nicht. Warum musste er unseren Sohn diesen Gefahren aussetzen? Kein Silber der Welt konnte meine Angst aufwiegen. Ich zählte die Tage. Mein Mut sank, als eure Rückkehr sich verzögerte. Die Beteuerungen meines Mannes, es gebe für alles sicher harmlose, gute Gründe, wollte ich nicht hören.«
»Du hast die Tage gezählt, die es brauchen würde, das Geld aus der Ferne zu holen, um endlich den alten Schuldschein einzulösen. Wie solltest du ahnen, liebe Hanna, dass wir für Tobias um eine Braut warben, Hochzeit feierten und der jungen Frau die gehörige Zeit einräumten, von den Eltern Abschied zu nehmen?«
Raffaels ruhige Art hilft mir, den Faden wiederaufzunehmen: »Manchmal sehe ich uns als Figuren auf einem weitgespannten Brett. Ohne noch voneinander zu wissen, berührte der Ewige das Geschick unserer Familien. Es kam zur Hochzeit zwischen meinem Sohn und Sara. Tobit war außer sich vor Glück, eine Schwiegertochter aus der eigenen Sippe willkommen zu heißen.«
»Für dich war es doch auch die Erfüllung eines Herzenswunsches, oder?«
Er hat den wunden Punkt getroffen. Abschied nehmen in Ehrlichkeit, genau das wollte ich doch …
»Als ich Sara das erste Mal in den Arm nahm, wurde mir kalt. – Verstehst wenigstens du mich, Fremder? Welche

Mutter wünscht sich das für ihren Sohn? Hinter diesem jungen Mädchen stehen die Schatten von sieben Leichen!«
»Dein Mann und dein Sohn, sie lieben dich, und auch das junge Mädchen hat es verdient, von ihrer Schweigermutter ohne Frösteln angesehen zu werden. Stell dich den Schatten, Hanna! Ruf sie alle beisammen.«
»Alle, das sagst du so leicht. Alle sind gar nicht hier, die der allmächtige Puppenspieler über das Spielbrett unserer miteinander verwobenen Geschichte bewegte. Saras Eltern, Raguel und Edna, wären diejenigen, von denen ich mir viel Aufklärung versprechen würde.«
Mit einer großen Geste öffnet er den Raum: »Sprich zu ihnen, Hanna, sprich zu ihnen so, als wären sie hier. Vielleicht bleiben deine Fragen nicht ohne Antwort.«

Bin ich noch wach oder führt Gottes Bote mich ins Reich der Träume? Gibt es vielleicht ein Dazwischen von Wachheit und Traum, das ich alleine nicht zu betreten vermag?
Alle Figuren lässt er für mich lebendig werden, Raguel und Edna, auch Sara, die zu rufen ich nicht wage. Fast vermeine ich das hämische Getuschel der Knechte und Mägde in Saras Elternhaus zu hören.
In den Tiefen meiner Seele nehme ich den Schmerz der Eltern um ihre einzige Tochter Sara wahr. So viel Kummer in so einem jungen Leben: Tod, immer wieder Tod! Wie soll ein Mädchen unbeschwert über Leichen gehen?
Und mein Tobias, mein einziger Sohn, auch er musste mit den vielen Toten leben, die sein Vater bestattet hatte, und die dennoch eine sehr lebendige Rolle in unserem Leben spielten …
Verhängnis hier wie dort – etwas, das mein Gottvertrauen verhängt hat …

Den Vorhang wegnehmen, ihn sachte beiseiteschieben, nicht gewaltsam zerreißen, das möchte ich.

****

Hanna ist keine namenlose biblische Frau, sondern so etwas wie die Ausnahme von der Regel in unserer Porträtsammlung. Den drei biblischen Frauen mit Namen Maria vergleichbar, finden wir drei Frauen namens Hanna in der Bibel: die Mutter Samuels (1 Sam 1,2–2,11), Tobits Frau und schließlich die Tochter Penuels (Lk 2,36ff.). Dem Namen Hanna liegt die Bedeutung »gnädig sein« im Sinne von »Gott ist gnädig« zugrunde. Damit werden die Einzelpersonen, obwohl deutlich gekennzeichnet, als Identifikationsmöglichkeiten angeboten und über die jeweilige Geschichte hinaus erweitert und aufgebrochen. Die ganze Tobit-Erzählung gibt in vielen Elementen zu verstehen, dass sie fiktiv verstanden werden will und Typen zeichnet, keine geschichtlichen Individuen.

13. WOHL BEDACHT

Die Dienerin der Judit (Judit 13,2–3.9c–10)

Barbara Janz-Spaeth

Judit allein blieb in dem Zelt zurück, wo Holofernes, vom Wein übermannt, vornüber auf sein Lager gesunken war. Judit hatte ihrer Dienerin befohlen, draußen vor ihrem Schlafgemach stehen zu bleiben und wie alle Tage zu warten, bis sie herauskäme; sie werde nämlich zum Gebet hinausgehen. Im gleichen Sinne hatte sie auch mit Bagoas gesprochen.

…

Kurz danach ging sie [Judit] hinaus und übergab den Kopf des Holofernes ihrer Dienerin, 10 die ihn in ihren Verpflegungssack steckte. Sie machten sich dann beide wie gewöhnlich auf den Weg, als wollten sie zum Beten gehen. Sie gingen jedoch, nachdem sie das Lager durchquert hatten, um die Schlucht herum, stiegen den Berg nach Betulia hinauf und gelangten vor das Stadttor.

(EÜ 2016)

Wir waren vorbereitet! Über Wochen hatten wir jedes Detail bedacht. Von Anfang an hatte Judit mich, ihre Dienerin, in ihre Pläne eingeweiht und mir vertraut. »Du musst die Schwachstelle deines Feindes wissen und kennen«, hatte sie gesagt. »Dann ist es möglich, den stärksten Feind zu besiegen – aus eigener Kraft und mit List!«

Sie hatte recht gehabt. Holofernes spielt mit Frauen. Der große Potentat – in jeder Hinsicht. Freiwillig oder unfreiwillig: Jede Frau, die er will, nimmt er sich. Bei Judit war er vorsichtig. Wir bemerkten, wie seine Gier wuchs. Wie ein Raubtier wartete er auf den günstigsten Moment. Damit spielte Judit. Ihr Plan ging auf.
Heute Morgen hatte ich sie sorgfältig geschminkt, ihren Körper mit Duftöl gesalbt, ihre Augen mit farbigem Puder umrandet, ihre Lippen gebürstet, blutrot leuchteten sie. Dann habe ich ihr Festtagskleid angezogen. Sie sah wunderschön, prächtig und anmutig aus. Jeder Mann hätte sie begehrt.
Wir vergaßen nichts: unser eigenes Essen im Sack, darunter ein Ersatzgewand für sie, um es sich schnell überzuwerfen. Jeden Tag hatten wir alles eingeübt: morgens in aller Frühe der Gang zum Fluss, um uns zu waschen und unser Morgengebet zu verrichten, das gemeinsame Essen der reinen Speisen, die wir mitgebracht hatten, um die Weisungen zu befolgen.
Ich habe mit Judit beten gelernt. Sie spricht nicht nur die vorgeschriebenen Gebete. Sie spricht mit Gott, als stünde er ihr gegenüber. Lange Zeit steht sie ganz ruhig da, als lausche sie. Dann beginnt sie das Gespräch: vertraut, ehrlich erzählt sie unserem Gott, was sie bewegt, ihre Ängste, ihre Sorgen, ihr Glück – und nach einer Zeit der Stille wird ihr Gesicht ganz sanft, ihr Blick kraftvoll und stark. So kehrten wir in das Lager zurück: gestärkt im Herzen, mit klarem Verstand und fähig, die richtige Entscheidung zu treffen.
Heute ist die Nacht der Entscheidung! Wie lange haben wir diskutiert: Eine Frau, die Gewalt anwenden will? Eine Frau, die tötet? »Einen Mann würde das niemand so fragen«,

sagte sie. »Er besiegt den Feind. Die Frau dagegen wendet Gewalt an. Lass dich davon nicht beirren!«

Für mich war es trotzdem schwer vorstellbar, dass sie Holofernes töten wollte. »Es muss sein«, sagte sie. »Für mein Volk, für unser Volk.«

»Du sollst nicht töten!«, erwiderte ich.

»Besser einen Einzigen zu töten als ein ganzes Volk!«

Was sollte ich dazu sagen? »Frauen sollten nicht töten, sie sind dazu geboren, Leben zu schenken.«

»Jetzt ist eine andere Zeit«, sagte sie. »Schau, wie unsere Männer Angst haben, wie ihnen der Mut fehlt. Sie vergleichen nur die Zahl und die Ausrüstung der Soldaten auf beiden Seiten. Doch ihnen fehlt der Glaube. Der Glaube an die Kraft, die Stärke, die wir in uns haben, die uns unser Gott einverleibt hat. Gott allein ist es, der mich stark macht. Er lässt mich Wege gehen, die ich allein nie gehen würde. Von ihm lasse ich mich führen – und du bist meine Begleiterin auf diesem Weg.«

So endete jede Diskussion.

Gleichzeitig überlegten wir alle Möglichkeiten. Jedes Wort, das wir aussprechen oder vermeiden sollten. Wir übten ein, wie wir gehen würden. Wir beobachteten uns beim Gebet, als wären wir einander fremd. Wir planten auf das Sorgfältigste, welche Speisen und welche Kleidung wir mitnehmen würden.

Im Lager warteten wir auf die richtige Gelegenheit. Am schwierigsten war es, sich nichts anmerken zu lassen. Das Spiel begann und wir spielten es mit großem Ernst, weil es um Tod und Leben ging. Jetzt war es kein Spiel mehr. Jetzt war es bitterer Ernst.

Judit geht es nicht darum, als Siegerin dazustehen. »Gewalt«, sagte sie, »ist das letzte Mittel. Wir sollten sie vermeiden, wann immer es geht. Nur wenn es gar keine andere Möglichkeit gibt, nur wenn dadurch viele Leben gerettet werden können, darf sie eingesetzt werden. Denn immer laden wir Schuld auf uns, wenn wir töten. Mit dieser Schuld, einen Menschen getötet zu haben, werde ich den Rest meines Lebens leben müssen!«

Niemand außer mir hat den Schlag gehört. Nicht einmal Bagoas, der Knecht des Holofernes, der immer misstrauisch war. Sie hatten einfach nicht damit gerechnet, setzten auf einen fröhlichen Abend und vor allem auf einen zufriedenen Herrscher, der am Morgen voller Stolz über seine Manneskraft vor das Zelt tritt. Holofernes wollte Judit erobern wie ihr Volk. Es war ein Spiel für ihn. Es hat ihn blind gemacht.

Da, – jetzt kommt sie!

Sie hat das andere Obergewand übergezogen, trägt den Beutel mit sich. Ein Blick von ihr genügt, ich nehme den Kopf des Holofernes aus dem Beutel und stecke ihn in unseren Verpflegungssack. Leise und im eingeübten Schritt machen wir uns auf den Weg durch das Lager hindurch. Die Wachen blinzeln müde und lassen uns passieren.

Um die Schlucht herum und hinauf in die Stadt, zu unserem Volk.

Judit hat tatsächlich den Kopf des Holofernes mitgenommen. Sie weiß, dass damit das Gefolge des Holofernes unendlich beschämt wird. Alle waren sie reingefallen auf die List. Sie hatten das einer Frau einfach nicht zugetraut. Aber wir Frauen hatten alles wohl bedacht.

14. ALPTRAUM OHNE ENDE

Frau des Pilatus (Mt 27,19)

Hildegard König

Während Pilatus auf dem Richterstuhl saß, sandte seine Frau zu ihm und ließ ihm sagen: Habe du nichts zu schaffen mit jenem Gerechten! Ich habe heute seinetwegen im Traum viel gelitten.
(EÜ 2016)

alptraum ohne ende

wider wissen
hast du dich vergriffen
an einem unschuldigen
hast wahrheit
nicht wahrhaben wollen
und heuchlerisch
deine hände gewaschen
in unschuld
hattest die macht
zum widerstand
aber nicht die größe
dazu
die kreuze
im land
mit dem ewigen sterben
dies eine
fiel auf dich zurück
zerlegte dich stück
für stück
dein verfall
wuchs sich aus
wie schimmel
auf verdorbenem brot
nirgends
eine grube
für deinen letzten rest

als untoter
irrst du
durch die zeit
und findest kein ende
kein tag
ohne kreuz
daran du selbst dich
gebracht hast
kein tag
ohne deinen namen
pontius pilatus
ein frommer fluch
lässt dich in ewigkeit
nicht
zur ruhe kommen
solange
ein kreuz ist
in der welt
findest du
keine erlösung

15. WER KANN ES SCHON WISSEN?

Die Frau des Petrus (Mk 1,29–31)

Barbara Janz-Spaeth

Und sogleich aus der Synagoge herausgekommen kamen sie in das Haus des Simon und Andreas mit Jakobus und Johannes. Die Schwiegermutter Simons aber lag fiebernd da; und gleich sagten sie ihm wegen ihr. Und hinzugetreten richtete er sie auf, die Hand ergreifend. Und es verließ sie das Fieber, und sie diente ihnen.[46]

(Übersetzung: Barbara Janz-Spaeth)

Ich müsste es wissen! Schließlich kenne ich Simon lange genug. Wir sind im selben Dorf aufgewachsen und schon früh wurden wir füreinander bestimmt. Mit Simon war es nie langweilig. Er war immer für Überraschungen gut. Wenn wir als Kinder Zeit zum Spielen hatten, hatte er die besten Ideen. Angst hatte er fast gar keine; zumindest ließ er sich das nie anmerken. Das ist auch gut so, denn als Fischer darf man keine Angst haben. Die Winde auf dem See kommen so schnell und unvermittelt auf. Da braucht es Mut und Kraft – und die hat Simon. Jedenfalls war ich ganz froh, dass ich seine Frau werden sollte. Mit Andreas, seinem Bruder, kam ich auch gut zurecht. Er ist viel ruhiger, sanfter, überlegter und weniger aufbrausend als Simon. Die beiden sind ein gutes Team und versorgen unsere Familien so, dass wir genug zum Leben haben.

Als mein Vater starb, war es der Vorschlag von Simon, dass ich meine Mutter ins Haus der Familie aufnehmen könnte. Seine Mutter war bereits gestorben und so war genügend Platz da. Wo hätte meine Mutter auch hingehen sollen? Wer hätte für sie sorgen können? Wir waren zu Hause nur Mädchen und meine Schwestern haben weniger zum Leben als wir. Das kleine Stück Land, das meine Mutter noch besaß, musste schnell verkauft werden, damit sie ein bisschen Geld zur Verfügung hatte. Witwe zu sein, ist kein einfaches Schicksal, vor allem, wenn es keinen Sohn gibt. Schon deshalb bin ich Simon und Andreas jeden Tag dankbar, dass meine Mutter hier in Kafarnaum in unserem Haus sein kann. Ganz abgesehen davon hilft sie mir bei der Arbeit im Haushalt. Sie kann gut Wolle spinnen und Kleidung nähen. Trotz ihres Alters ist sie noch flink und sieht, was zu tun ist.

Allerdings fürchte ich, dass sich unser Leben jetzt von Grund auf verändern wird. Seit Jesus hier in der Gegend predigt, ist Simon jede freie Minute mit ihm unterwegs. Genauso wie Andreas – wenngleich ich mich nicht darüber beschweren kann, dass sie ihre Arbeit als Fischer vernachlässigen. Ich kann verstehen, dass sie so oft wie möglich mit Jesus zusammen sein wollen. Wenn er hier in Kafarnaum ist, kommt er mit Simon und Andreas in unser Haus. Sie reden, diskutieren über die Gesetze und Propheten und überlegen, wie man dies und jenes verstehen soll. Ich höre gerne zu, wenn die Arbeit es mir erlaubt. Auch meine Mutter setzt sich dazu. Jesu Art und Weise die Schriften zu lesen, klingt so neu, so lebendig, dass Simon und ich oft noch lange darüber reden. Ich finde, dass es nicht leicht ist, Jesu Worte ganz zu verstehen. Er hält ja an unseren Traditionen fest und gleichzeitig versteht und deutet er sie anders, als wir es gewohnt sind. Simon sagt mir immer, dass Jesus in einer anderen Beziehung zu Gott steht als alle Lehrer und Schriftgelehrten sonst. Deshalb ist er so begeistert von ihm und will jedes Wort hören. Aber ob damit alles erklärt werden kann …

Als sie am letzten Sabbat aus der Synagoge kamen, habe ich gleich bemerkt, dass etwas anders war als sonst. Simon hat kein einziges Wort gesagt, Andreas auch nicht. Johannes und Jakobus sind ebenfalls mitgekommen und alle standen ganz still da, selbst als Jesus dazu kam. Ich weiß nicht, was – jedenfalls muss etwas passiert sein. Um die Stille zu unterbrechen, habe ich erzählt, dass meine Mutter mit Fieber daliegt. Ich wollte ihnen auch erklären, weshalb sie nicht aufstand, um alle zu begrüßen. Jesus ging gleich zu ihr hin. Er nahm ihre Hand und richtete sie auf. Dabei war sie die ganzen letzten Stunden so schwach, dass daran gar nicht zu denken war. Als ich sie stützen wollte, merkte ich, dass sie gar nicht mehr fieberte. Sie saß da, als ob sie nie krank gewesen wäre. Dann stand sie auf und half mir bei der Arbeit. Die Männer standen immer noch am selben Platz und staunten. Sie redeten plötzlich über den Gottesdienst in der Synagoge, und wie Jesus dort einen Mann mit einem Dämon geheilt hatte und … ich weiß nicht mehr, worüber noch. Jedenfalls waren es heftige Debatten.

Meine Mutter ist seither eine andere. Sie hat sich in den Kopf gesetzt, mit Jesus mitzugehen, ihm zu »dienen«, sagt sie. So wie ein Schüler seinem Meister dient, so wie Simon und die anderen Männer, so will auch sie ab jetzt immer mit ihm sein. Sie möchte ihn unterstützen mit allem, was ihr zur Verfügung steht, sagt sie. Seine Nähe mache sie gesund. Und nicht nur sie, sondern alle Menschen, die ihm vertrauen, sagt sie. Das erzählt sie auch allen und seither kommen die Menschen in unser Haus und wollen hören, wie sie gesund geworden ist. Wie aber kann man so etwas erzählen? Meine Mutter sagt einfach, dass er ihre Hand genommen und sie aufgerichtet habe. Jedenfalls wolle sie sich ihm anschließen, egal was die Leute sagen. Als Witwe wäre sie frei, das zu tun. Es gäbe auch noch andere Frauen, die mit Jesus mitgehen und ihm dienen möchten; sie sei nicht die Einzige. Ich glaube eher, dass sie mich damit nur beruhigen möchte ... Jedenfalls half kein Argument, kein Flehen, keine Drohung, sie von ihrem Vorhaben abzubringen.

Und zum ersten Mal hat mich Simon nicht unterstützt. Er meinte nur: »Lass sie! Sie hat ihn verstanden. Sie muss das tun.«

Ich habe seither Angst, Simon auch noch zu verlieren. Er sagt, dass er durch Jesus ein anderer geworden sei. Dass er immer besser erkenne, wo Gott am Werk ist und uns stärkt. Vor allem aber sagt er, dass Jesus mit unserem Gott zutiefst verbunden, eine richtige Einheit ist, und man durch ihn zu Gott findet. Manchmal hält Simon Jesus sogar für den Messias. Ich kann mir vorstellen, dass Simon für ihn wirklich alles aufgeben würde. Meine Mutter – die hat ihren Weg schon gefunden, das spüre ich. So froh, so voller Hoffnung, ja, so lebendig ist sie geworden. Sie hat schon recht, wenn sie sagt, dass sie von Jesus aufgerichtet wurde. Sie sagt auch, dass es Gottes Kraft war, die sie geheilt hat. Das zu glauben, ist nicht einfach. Natürlich sehe ich, wie viel Gutes von Jesus ausgeht, wieviel Segen er den Menschen bringt. Die Kehrseite ist, dass dadurch alles anders wird als bisher, ohne dass ich das genau beschreiben könnte. Geschweige denn, dass ich eine Vorstellung davon habe, wie es wäre, wenn wir alle Jesus folgen würden. Es können doch nicht alle einfach alles stehen und liegen lassen. Wenn aber Simon Jesus folgt, dann werde ich mich auch entscheiden müssen, schon weil Simon und ich zusammengehören. Bin ich zu ängstlich? Die Synagogenlehrer werden sicher nicht lange zuschauen, wie die Menschen sich von Jesus begeistern lassen. Sollten dann unsere Besatzer davon Wind kriegen, wird es richtig gefährlich für alle. Simon hält das nicht ab, mit Jesus zu gehen. So war er schon immer. Aber ich kann es einfach noch nicht, bin mir nicht sicher, auch wenn ich miterlebt habe, dass Jesus meine Mutter gesund gemacht hat. Es könnte schon sein, dass er sie mit Gottes Kraft aufgerichtet hat. Verändert das unser Leben? Für meine Mutter, für Simon, für Andreas, für Jakobus und Johannes – ja. Und für mich?

16. ICH HASSE DICH! – UNGEHALTENE REDEN

Die Tochter der Herodias (Mk 6,14–29)

Barbara Janz-Spaeth

Und es hörte der König Herodes (von ihm): denn sein Name war bekannt geworden. Und sie sagten: »Johannes der Täufer ist auferweckt von den Toten, und deshalb wirken die Kräfte in ihm!« Andere aber sagten: »Elija ist's!« Andere aber sagten: »Ein Prophet wie einer der Propheten!« Da aber Herodes (davon) hörte, sagte er: »Den ich enthaupten ließ, Johannes, dieser wurde auferweckt!«

Denn er selbst, Herodes, hatte gesandt, den Johannes ergreifen und ihn im Gefängnis binden lassen wegen Herodias, der Frau seines Bruders Philippus. Weil er die geheiratet hatte, sagte nämlich Johannes zu Herodes: »Es ist dir nicht erlaubt, die Frau deines Bruders zu haben!« Herodias aber nahm es ihm übel und wollte ihn töten; und sie konnte nicht. Denn Herodes fürchtete den Johannes – er kannte ihn als gerechten und heiligen Mann – und hielt ihn in Gewahrsam. Und wenn er ihn hörte, war er sehr verlegen; doch hörte er ihn gern. Und da ein gelegener Tag kam, als Herodes an seinem Geburtstag ein Gastmahl gab seinen Großen und den Offizieren und den ersten Männern Galiläas, und da die Tochter eben der Herodias hereinkam und tanzte, gefiel sie Herodes und den Tischgästen. Der König aber sprach zu dem Mädchen: »Verlange von mir, was du willst, und ich werde es (dir) geben!« Und er schwur ihr: »Was auch immer du von mir verlangst, ich werde dir geben bis zur Hälfte meines Reiches!« Und hinausgegangen, sprach sie zu ihrer Mutter: »Was soll ich verlangen?« Sie aber sprach: »Das Haupt Johannes' des Täufers!« Und hineingegangen gleich mit Eile zum König, verlangte sie, sagte: »Ich will, daß du mir alsbald auf einer Schale das Haupt Johannes des Täufers gibst!« Und der König, tief betrübt geworden, wollte sie wegen der Eide und der Tischgäste nicht abweisen. Und gleich sandte der König einen Leibwächter, gebot sein Haupt zu bringen. Und er ging fort, enthauptete ihn im Gefängnis. Und er brachte sein Haupt auf einer Schale und gab es dem Mädchen, und das Mädchen gab es seiner Mutter. Und da seine Jünger (es hörten) kamen sie und trugen seine Leiche (fort) und legten sie in eine Grabstätte.

(Pesch)

Die ungehaltene Rede der Tochter

Hier! Nimm ihn! Du hast ihn doch gewollt: den Kopf des Propheten. Jetzt kannst du ihn auf Händen tragen. Ich gebe ihn dir und lege meine Wut und meinen Zorn gleich mit in die Schale.

Ich bin so wütend auf dich! Du hast gewusst, was du von mir verlangst. Ich habe in dem Moment wirklich nicht daran gedacht, dass dir das in den Sinn kommen könnte. Mein Tanz war unglaublich schön. Alle waren begeistert und feierten mich. Der Beifall nahm kein Ende.

Und dann musste ich deinen Wunsch überbringen. Totenstille.

Niemand hat mehr an mich, an meine Darbietung, an Tanzen gedacht. Niemand interessierte sich mehr für mich. Als hätte es meinen Tanz, als hätte es mich auf diesem Fest nie gegeben.

Doch das ist nicht das Schlimmste!
Du hast das Geburtstagsfest deines Mannes Antipas – oder Herodes, wie du ihn nennst – benutzt, um deinen Hass auszuleben. Ja, ich habe getanzt auf diesem Fest. Das war mein Geschenk für Herodes. Du hast mich die Tanzschritte der Frauen gelehrt. Du hast mir gezeigt, wie ich mich mit meinen Bewegungen ausdrücken kann. Mein Tanz war voller Lebensfreude, ein Geburtstagstanz. Ich habe getanzt und dabei vergessen, dass mir nicht nur Herodes, sondern alle Gäste zugeschaut haben. Ich habe ihre Blicke nicht mehr wahrgenommen, wohl aber gemerkt, wie meine Lebensfreude auf die Gäste überging. Wie sie still wurden und anfingen, sich zur Musik ganz sanft zu bewegen. Wie sie zu lächeln begannen. Wie Herodes glücklich war. Das war *mein* Geschenk zu seinem Geburtstag. Ein Tanz des Lebens, für das Leben. Es war so schön, so gut! Es war, wie ich es mir gewünscht hatte. Ich war so unendlich glücklich in diesem Moment.
Ich hatte nicht damit gerechnet, dass Herodes mir dafür etwas geben wollte. Es war mir auch egal. Ich wusste nicht, was ich dafür hätte verlangen können. Ich wollte nichts; es war ja ein Geschenk. Ich habe getanzt, weil es mich glücklich macht, weil es ihn und die Gäste froh machen sollte. Gleichwohl wurde für dich daraus die Gelegenheit. Schließlich waren ja alle wichtigen Männer da, die du beeindrucken wolltest – das hatte ich nicht im Blick. Nicht nur die Herodianer-Familie, sondern auch alle Mächtigen im ganzen Gebiet, die Offiziere. Du hattest dieses Fest aufs Sorgfältigste mitgeplant. Genau bedacht, wer eingeladen werden sollte. Jedes Detail war vorbereitet. Alle sollten sehen, dass Antipas eines Königs und des Erbes seines Vaters Herodes würdig war.

Aber dass mein Tanz diese Wirkung hatte, konntest du nicht ahnen. Erst als ich zu dir kam und um Rat fragte, wurde dir das augenblicklich klar.
Ich hätte nicht gedacht, dass du derart schnell eine Antwort weißt. Dass es dir völlig egal war, an einem Geburtstagsfest jemanden töten zu lassen. Üblicherweise werden an solch einem Fest Gefangene frei gelassen. Doch dieses Mal musste einer sterben. Dazu noch einer, der Herodes etwas bedeutet hat. Er hat Johannes geschätzt. Seine Meinung war ihm wichtig. Vielleicht, weil er der Einzige am Hofe war, der ihm sagte, was er dachte, dem es egal war, ob er von einem Gespräch profitierte. Johannes war kein Günstling wie all die anderen, die ihr eingeladen habt. Herodes hat das Gespräch mit ihm gesucht. Johannes hat ihn zum Nachdenken gebracht, hat ihn manches Mal an seinen Entscheidungen zweifeln lassen. Das hat dir überhaupt nicht gepasst. Ein König zweifelt nicht!
Du hast dafür gesorgt, dass ein Prophet, Johannes, am Geburtstagsfest deines Mannes sterben musste. Sterben statt Leben. Dein Hass hat meinen Tanz ins Gegenteil verkehrt. Ein Kopf auf einer Schale ist das, was von diesem Fest bleibt. Ich habe das nicht gewollt. Du hattest es in der Hand und jetzt hast du das Ergebnis in deinen Händen. Dein Hass hat einen Menschen ausgelöscht.
Doch das ist nicht das Schlimmste!
Du hast Herodes benutzt, um deinen Plan zu verwirklichen. Schließlich hattest du selbst keine Möglichkeit, Johannes aus dem Weg zu schaffen. Dazu fehlte dir die Macht und es war dir klar, dass du dafür Herodes Antipas brauchst. Du wusstest genau, dass der König sein Wort hält. Lieber würde er seine Überzeugungen verraten, als sein Wort zu brechen. Und vor Gästen würde er dies nie

tun – das war dir klar. Er konnte dir nicht einmal widersprechen, weil *ich* ja das Geschenk von ihm einforderte. Als ich ihm den Wunsch überbrachte, sah ich ihm sofort an, was er fühlte und was er dachte. »Alles, nur das nicht!«
Sein Schweigen sprach jedes Wort aus. Alle, alle wussten in diesem Moment Bescheid. Aber weder ich noch sonst irgendwer konnten widersprechen. Egal wie, es hätte ihn bloßgestellt. Jeder wusste, dass meine Forderung ungeheuer war. Jeder wusste, dass Herodes zu etwas gezwungen wurde, was er so nicht wollte. Er saß in der Falle, die du ihm gestellt hast. Und ich konnte nichts mehr tun.
Dein Hass hat alle komplett gelähmt. Fassungslos hörten alle, wie Herodes den Befehl gab: »Das Haupt des Johannes.« Herodes ist kein Zauderer. Aber er ist auch kein Gewalttäter. Er versucht zumindest, gerecht zu sein, auch wenn es ihm nicht immer gelingt. Johannes hat den Tod nicht verdient, nicht deshalb. Das wusste Herodes in dem Moment. Nicht deshalb, weil nur du es wolltest. Nicht deshalb, weil du auf die Macht des Herrschers angewiesen warst. Nicht deshalb, weil du ihn und mich in diese Situation gebracht hast. Deshalb hätte Johannes nie sterben dürfen.
Warum habe ich dieses Spiel nicht durchschaut? Warum habe ich nicht einfach etwas anderes verlangt? Was bedeutet dir eigentlich dein Mann, wenn du ihn so vorführst?
Doch das ist nicht das Schlimmste!
Das Schlimmste für mich ist, dass du mich, deine eigene Tochter, benutzt hast. Du hast mich missbraucht. Der Kopf des Johannes war dir wichtiger als ich. Genau dafür hasse ich dich. Du hast mich gezwungen, etwas zu verlangen, was nicht ich, sondern du wolltest. Und du hast mich glauben lassen, dass ich das auch möchte. Nicht einen Moment hast

du darüber nachgedacht, was mir eine Freude machen könnte. Nicht eine Sekunde hast du das Glück, das dieser Tanz uns brachte, gespürt. Nicht einen Augenblick ging es dir um mich. Du hast kein Empfinden mehr außer für dich selbst. Du interessierst dich nur noch für dich.

Warst du schon immer so, Herodias? Oder bist du so geworden, damit du in dieser Dynastie überleben konntest? Wo jeder gegen jede vorgeht, kämpft, töten lässt, sich andere Männer und andere Frauen nimmt, nur um an der Macht zu bleiben? Ist es das, was dich antreibt? Ist es das, was dich jeden, der dich erkennt, aus dem Weg räumen lässt? Du hättest die Möglichkeit gehabt, Johannes zu widersprechen. Du hättest ihm sagen können, dass du die Ehegesetze nicht annehmen musst. Du hättest sagen können, dass du einen Scheidungsbrief hast. Oder dass du keine Wahl hattest, als Herodes dich zur Frau nahm, weil alles andere dich Kopf und Kragen gekostet hätte. Dass deine Familie so weit verzweigt ist, dass es nicht als Heirat in der eigenen Familie gegolten hätte. Aber du hättest diesen Hass auf Johannes nie so groß werden lassen dürfen. Diese Möglichkeit hättest du gehabt. Daran wäre die Macht in diesem Haus nicht zerbrochen. Es hätte einen Johannes gut aushalten können.

Warst du so verärgert, weil er dir auf die Schliche gekommen ist? Weil er gemerkt hat, dass man nicht einfach den politischen Zwängen die Schuld geben kann, wenn es um die eigene Eifersucht geht? War es das, Herodias? Schau ihn an, diesen Kopf des Johannes. Er hat dich durchschaut – das war dein Problem. Er hat all die Intrigen und Machtkämpfe, die Eifersüchteleien und gegenseitigen Beleidigungen, die Kollaborationen und Vertuschungen erkannt. Er hat laut ausgesprochen, dass du und alle mitspielen, und

dass darauf nie eine gerechte Herrschaft basieren kann. Er war ein Störenfried in diesem korrupten System.
Warst du jemals mit deinem Leben zufrieden, Herodias? Warst du jemals glücklich? Frei, so wie ich, als ich tanzte? Nimm diesen Kopf und mach damit, was du willst. Aber verlange nie wieder etwas von mir. Nie wieder werde ich etwas tun, was ich nicht selbst will. Nie wieder werde ich etwas tun, von dem du sagst, dass es dich glücklich machen würde. Du bist keine Mutter. Du bist nur noch Herodias, eine der vielen Frauen, die je nach Gelegenheit mal die Frau des einen, mal die Frau des andern wird. Eine, die sich noch nie für mich interessierte. Eine, wie ich nie werden will.
Ich verachte dich, Herodias! Du hast mir, deiner eigenen Tochter, Gewalt angetan – das ist das Schlimmste. Ich hasse dich dafür! Mein Leben lang werde ich dich hassen!

Die ungehaltene Rede der Herodias

Du brauchst mir keine Vorwürfe zu machen, Herodes. Du nicht. Ich habe dir einen Dienst erwiesen. Nur begreifst du das nicht. Ein König, der allen dienen will, ist kein König. Ein Herrscher, der keine Entscheidungen treffen kann, wird nicht ernst genommen. Nicht von der Familie, nicht vom Hofstaat, nicht von der Regierung, nicht von den Besatzern und erst recht nicht von seinen Feinden.

Die Kleine wird das auch noch lernen. Das Leben ist nicht so einfach. Verrat und Wahrheit liegen nah beieinander. Das weiß sie noch nicht, weil ich sie bis jetzt davor beschützen konnte. Sie konnte ihre Freiheit genießen, ihre Freude am Leben ausleben, weil ich das wahre Leben von ihr fernhielt. Bitterste Vorwürfe hat sie mir gemacht. Sie hasst mich. Sie sagt jetzt Herodias zu mir. Ich sei keine Mutter, sagt sie. Das trifft. Sie sagt das, weil sie noch so unerfahren ist.

Eine Herrscherfamilie wie die unsrige lebt von Schlagkraft, von schnellen Entscheidungen, die nicht hinterfragt werden. Wenn du das anfängst, dann hast du schon verloren. Natürlich wird da auch mal falsch entschieden, aber das gehört dazu. Pech. Oft genug müssen wir zwischen Skylla und Charybdis entscheiden. So ist das nun mal. Herrschaft bekommt man nicht umsonst. Gerade du, Herodes, müsstest das wissen. Wie lange hat uns dein Vater mit seinem Testament hingehalten. Wie lange mussten wir stets um seine Gunst buhlen, damit er uns nicht wie die andern aus dem Weg räumte. Und dann: der Erbstreit vor dem Kaiser mit deinen Brüdern. Das war das Letzte. Nur weil dein Vater im letzten Moment sein Testament geändert hat. Jetzt sitzen wir in Galiläa mit zwei Herrschaftsgebieten. Immerhin hast du es geschafft, dass es allen sogar gut geht. Du

bist ein guter Politiker. Kannst alle hinhalten und es so darstellen, dass sie sich für Gewinner halten. Manchmal bewundere ich dich sogar, wie du dich bei den Juden beliebt machst und gleichzeitig das Land modernisierst. Du hättest den Titel »König« wirklich verdient. Dass du das nicht geworden bist, werde ich deinem Vater nie verzeihen. Ewig werde ich dafür kämpfen. Tetrarch – das trifft deine Qualitäten beim besten Willen nicht.
Deshalb, Herodes, geht es auch nicht, dass Johannes dir einfach seine Meinung sagte. Du hättest ihm nicht einmal zuhören dürfen. Du hättest ihm sagen müssen, was du denkst, nicht umgekehrt, begreifst du das nicht? Prophet hin oder her – die Machtverhältnisse müssen eindeutig sein.
Deshalb bin ich deine Frau, Herodes. Ich bin kein Monster, wie es die Kleine gerade herausposaunt hat. Es geht mir auch nicht nur um mich. Ich will, dass du an der Macht bleibst und dieser Johannes hätte bestimmt, sobald er freigelassen worden wäre, das Volk gegen dich und mich aufgewiegelt. Wegen unserer Heirat! Was für ein Unsinn aber auch. Er hat überhaupt nicht begriffen, dass man in unseren Kreisen die Familie zusammenhalten muss. Was wird, wenn die Macht nicht mehr in einer Hand ist, sieht man doch jetzt. Jeder hat sein eigenes kleines Reich und versucht, den anderen zu betrügen und zu hintergehen. Jeder! Ganz abgesehen davon hätte er dir noch ziemlich gefährlich werden können, weil er die Ideen von diesem Jesus unterstützte. Reich Gottes! Was soll das denn sein? Lächerlich, diese Träumer. König(s)reich – das ist real! Da hängt man nicht irgendwelchen Idealen und einer heilen Welt nach, sondern schaut, dass die Macht gesichert ist. Wir sor-

gen für das Volk und das Volk sorgt für uns. So einfach ist das.

Ja, es war nicht angenehm, an deinem Geburtstagsfest den Tod dieses Johannes von dir zu verlangen. Aber du hättest dich nie dazu entschließen können, ihn zu töten. So musstest du zu deinem Wort stehen und kannst die Schuld sogar auf mich und meine Tochter schieben. Ob Unrecht oder nicht, es bleibt in der Familie. Du, Herodes, du brauchst mir keine Vorwürfe zu machen. Du ganz bestimmt nicht!

17. BEGEGNUNG AM STADTTOR

Die Witwe von Nain (Lk 7,11–17)

Barbara Janz-Spaeth

Es begab sich einige Zeit später da ging er in eine Stadt namens Naïn, seine Jüngerinnen und Jünger und eine große Menschenmenge begleitete ihn: Als er sich dem Stadttor näherte, siehe – sie trugen einen Toten hinaus. Er war der einzige Sohn seiner Mutter und sie war Witwe. Eine große Menschenmenge aus der Stadt war bei ihr.
Als der Kyrios (Herr) sie sah, hatte er tiefes Mitleid mit ihr und sprach zu ihr: »Weine nicht mehr!«
Er trat an die Bahre heran und berührte sie. Diejenigen, die sie trugen, blieben stehen und er sprach: »Junger Mann, ich sage dir, steh auf!«
Da setzte sich der Tote auf und begann zu sprechen und Jesus gab ihn seiner Mutter zurück.
Alle wurden von Ehrfurcht ergriffen und lobten Gott und sprachen: »Ein großer Prophet ist unter uns auferstanden und Gott hat sein Volk besucht!«
Und dieses Wort über ihn verbreitete sich in Judäa und im ganzen Umland.
(Metternich[47])

Auf nichts war Verlass. Nur auf Wunder.
(Mascha Kaléko)

Johanna erzählt:
»Sie sind auf dem Weg von Kafarnaum nach Naïn: Jesus, die Jünger und Jüngerinnen und eine große Menschenmenge, die sie begleitete. Das Stadttor von Naïn ist schon nahe und für einige dürfte damit auch das Ende eines langen Fußweges erreicht worden sein. Da sehen sie, wie aus dem Stadttor eine große Menschenmenge entgegenkommt, ein Trauerzug, wie die Kleidung zeigt und jetzt, immer deutlicher erkennbar, eine Frau, die hinter der Bahre mit dem Toten geht. Vielleicht hat sie jemand aus der Gruppe um Jesus erkannt: eine Mutter, eine Witwe, deren Sohn gestorben ist und den sie nun zum Begräbnis zur Stadt hinaustragen. Nach einem ersten Gemurmel wird es immer stiller, je näher sie aufeinander zu gehen.
Wortlos, stumm geht die Mutter hinter ihrem toten Sohn, dem Einziggeborenen. In ihr ein einziger Schrei, doch kein Wort, keine Bitte kommt über ihre Lippen. Der Schmerz läßt sie verstummen.
Jesus geht auf sie zu. Er sieht sie an, sieht ihre Trauer um den Einzigen. Er spürt, dass sie die größte Not, den größten Schmerz, den jemand nach den Worten der Propheten treffen kann[48], erleiden muss. In diesem Blick Jesu tut sich der ganze Abgrund auf, den die Witwe vor sich sieht: ohne den Sohn, ohne zukünftige Kindeskinder, ohne Altersversorgung, ohne Erbe und damit ohne Rechte. Bittere Armut an Leib und Seele ist ihre Perspektive nach diesem Begräbnis. Sie kennt das von vielen anderen Witwen und weiß: Das ist kein Leben. Zu ihrem Schmerz über den Tod des Kindes

kommt der Verlust der Lebensmöglichkeiten in der nahen Zukunft. Alles scheint auf im Blick Jesu, mit dem er sie ansieht. Er bringt ans Licht, was im Innern verschlossen war. Sie steht zwischen Leben und Tod.

Jesus, von ihrem Schicksal berührt, wird von Mitleid ergriffen und richtet das Wort an sie. ›Weine nicht!‹ Mit Tränen in den Augen, stumm, sieht die Mutter ihr totes Kind und hört Jesus, der spricht. Zwischen Tod und Leben.

Jesus tritt an die Bahre, auf der der junge Mann liegt und berührt diese. Alle bleiben stehen. In diese Bewegungslosigkeit hinein spricht Jesus das Heilungswort: ›Ich sage dir, steh auf!‹ Ein Wort aus Gottes Geist. Ein Wort voller Kraft. Der Tote richtet sich auf, beginnt zu sprechen. Er lebt. Alles wird anders durch dieses Wort, auch wenn es scheint, als wäre alles wie vorher.

Jesus gibt der Mutter ihren lebenden Sohn zurück. Sie findet kein Wort für das, was ihr und ihrem Sohn widerfahren ist. Noch bleibt sie stumm. Den neu zum Leben erweckten Sohn im Arm sieht sie jetzt Jesus an. Was ist das für einer, der Tote erwecken kann?

Die Menschenmenge aber kommt in Bewegung. Sie alle sind an einem Ort, der sich für die Erfahrung mit Gott geöffnet hat, spürbar für alle, egal, aus welcher Richtung sie kamen. Sie hören und sehen eine Kraft, die Grenzen überschreiten und Menschen-Unmögliches bewirken kann. Sie bezeichnen ihn als Propheten, in Erinnerung an den Propheten Elija, der den toten Sohn der Witwe in Sarepta zum Leben erweckte. Sie erkennen die göttliche Kraft, die in Jesus Gestalt annimmt. In dieser Erkenntnis werden sie zu einem Volk versammelt, das Gott lobt und preist mit den Worten des Zacharias: ›Gott hat sein Volk besucht.‹

Und die Witwe, die Mutter des zum Leben Auferweckten, singt mit. Sie jubelt aus ganzem Herzen und lobt Gott für das neue Leben, das ihr geschenkt wurde.

Lukas:
Woher hast du diese Erzählung, Johanna?

Johanna:
Frauen aus der Gegend um Naïn haben sie mir berichtet. Dort in der Gemeinde wird sie weitererzählt. Jesus hat Tote zum Leben erweckt. Was für eine wunderbare Erzählung! Wir konnten so mitfühlen mit dieser Frau, mit ihrem Schmerz und ihrer Trauer. Wie sie ungläubig staunend ihren Sohn in den Armen hält. Wie sie ihre Stimme wiederfindet, als sie in den Lobpreis Gottes einstimmt. Denn nur Gott selbst kann Menschen lebendig machen – so erzählt es schon das Schöpfungslied.
Wir haben unter uns Frauen über diese Erzählung gesprochen. Alle waren berührt davon, weil viele ja selbst Witwen sind. Gewiss, manchen geht es gut, und sie sind in der Gemeinde anerkannt für ihren Dienst. Aber viele wissen nicht, wovon sie den nächsten Tag leben sollen und wie sie sich etwas zu essen kaufen können. Nicht nur der Sohn bekam ein neues Leben geschenkt, auch seine Mutter. Das haben wir in dieser Erzählung erkannt.

Lukas:
Auch den Menschen, die dabei waren, wurde das neue Leben durch Christus geschenkt. Denn alle, der Trauerzug und diejenigen, die mit Jesus auf dem Weg waren, sind zu einem Volk geworden, das Gott preist für Jesus, den er uns gesandt hat.

Doch, Johanna, wenn wir das in unser Evangelium aufnehmen, wird daraus eine ganz knappe, kurze Erzählung. Das Wichtigste ist, dass Jesus Tote zum Leben erwecken kann. Gottes Kraft wirkt durch ihn.

Johanna:
Seine Kraft bewirkt aber auch, dass der Witwe neues Leben geschenkt wurde und sie zum Glauben an ihn fand. Sie darf nicht so in den Hintergrund gestellt werden, Lukas.

Lukas:
Der Sohn wurde durch Jesus zum Leben erweckt – das ist das Wunder. Die Witwe ist die Mutter des Erweckten. Die Menschen sind die Zeugen, die durch dieses Erlebnis zum Glauben finden. So werden wir es aufschreiben.

Johanna:
Das Wunder geschieht nicht nur im Sohn, sondern bei allen, die dabei waren. Wir Frauen werden es erzählen mit all dem, was in dieser Erzählung enthalten ist. Wir werden die Erinnerung an die Witwe festhalten. Denn dann kann das Wunder auch in all jenen geschehen, die davon hören. Das Wunder ist doch, dass Gott allen Menschen durch seinen Sohn neues Leben schenkt, oder?

18. ZEUGENBEFRAGUNG

Eine Frau aus der Menge (Lk 11,27–28)

Hildegard König

Und es begab sich, als er solches redete, da erhob eine Frau aus dem Volk ihre Stimme und sprach zu ihm: Selig ist der Leib, der dich getragen hat, und die Brüste, an denen du gesogen hast. Er aber sprach: Selig sind, die das Wort Gottes hören und bewahren.
(LB 2017)

An die Aufsichtsbehörde in Caesarea Maritima

Anzeige einer Gefährdungslage
Gestern kam es in dem Dorf Bethanien zu einem Tumult. Rabbi Jeshua aus Nazareth und seine Anhängerschaft hielten sich im Ort auf. Sein Gespräch mit den Anwesenden, in welchem es um die Macht von Dämonen ging, wurde durch den lautstarken Auftritt einer Frau unterbrochen. Deren ungebührliches Verhalten löste einen heftigen Wortwechsel aus, vor allem unter dem weiblichen Publikum. Die Auseinandersetzung drohte zu eskalieren. Die von der Besatzungsbehörde eingesetzten einheimischen Ordnungskräfte konnten den Streit unterbrechen, bevor es zu Handgreiflichkeiten kam.
Bei der anschließenden Befragung weigerten sich die Frauen, Namen und Adressen zu nennen. Die lokalen Autoritäten versicherten, dass ihnen die Personen bekannt seien.

Anbei die Aussagen der Beteiligten. Die Zeuginnen eins bis fünf griffen unmittelbar in das Streitgeschehen ein; die Zeuginnen sechs bis zwölf gehörten zu den Umstehenden und gaben ihre Beobachtungen zu Protokoll:

Zeugin 1: Verursacherin des Streits; verheiratet, Mutter von zwei erwachsenen Söhnen
»Ich konnte nicht anders. Ich war hingerissen von dem Rabbi aus Nazareth und seinen Worten. Er redete so, dass es mir zu Herzen ging. Und da musste ich einfach laut werden. Wie sollte ich, eine einfache Frau, ihm ein Kompliment machen, das für ihn annehmbar war? Bei uns ist es üblich, dass man die Mutter für den gut geratenen Sohn beglückwünscht: *Selig der Leib, der dich getragen hat und die Brüste, an denen du gesogen hast!* Er hat das schon begriffen und dann sogar auf meinen Ausruf reagiert. Damit habe ich gar nicht gerechnet. Er hat das Kompliment ganz schlagfertig zurückgegeben: *Selig sind, die das Wort Gottes hören und es bewahren.* Wer wollte sich da nicht angesprochen fühlen? – Dass einige meiner Nachbarinnen, mit denen ich unterwegs war, darüber mit mir in Streit gerieten … Das war nicht meine Absicht …«

Zeugin 2: verheiratet, Mutter von fünf halbwüchsigen Kindern
»Ich kann sie einfach nicht mehr ertragen, wenn sie so die Mutterschaft bejubelt. Und das macht sie bei jeder sich bietenden Gelegenheit: *Selig der Leib … und die Brüste …*
Nicht jeder geraten die Kinder so wie ihr. Und kaum eine lebt so unbeschwert wie sie. Sie hat doch keine Ahnung von dem Schmerz, der einen zerreißt, wenn man ein Kind verliert. Ich hab's erlebt. Sie haben meinen Ältesten erschlagen

bei uns im Hof abgelegt. Keiner wollte uns sagen, wie er zu Tod gekommen war. Liegt da mit seinen sechzehn Jahren. Und mein Leib verkrümmt sich vor Leid, und meine Brüste schmerzen vor Trauer. Seither ist nichts mehr *selig* für mich. Und das habe ich der Jublerin ins Gesicht geschrien. Der Rabbi hat sie ja auch zurechtgewiesen: *Selig sind, die das Wort Gottes hören und es bewahren.* Ich wäre froh, wenn mich das trösten könnte. Tut es aber nicht. In meiner Situation tut alles nur weh.«

Zeugin 3: verheiratet, keine Kinder
»Die hat leicht jubeln, mit ihren beiden prächtigen Kerlen. Und dass die zum Kreis um den Rabbi Jeshua gehören, darauf scheint sie besonders stolz zu sein. Aber muss sie das Mutterglück so hinausposaunen? Für eine wie mich, die sich so sehr Kinder gewünscht hat und keine bekommen kann, ist dieses Gewese um die Mutterschaft und die Fruchtbarkeit einfach nur kränkend. Aber sie hat dafür kein Gespür. Solche wie ich gehören nicht in ihre Welt, in ihre beschränkte Welt. – Ich habe ihr eine andere Seligpreisung an den Kopf geworfen. *Es kommen Tage, da wird man sagen: Selig sind die Unfruchtbaren und die Leiber, die nicht geboren haben, und die Brüste, die nicht gestillt haben.«* (Lk 23,28–29) Wir leben in sehr angespannten Zeiten unter dem Gewaltregiment der römischen Besatzung. Wie schnell kann eine Katastrophe über uns hereinbrechen. Und wenn der Rabbi mit seinen rebellischen Reden nicht aufpasst, dann trifft es ihn und seine Gefolgsleute schneller als erwartet. Aber der scheint darauf gefasst zu sein. Erwiderte ihr ganz entschieden: *Selig sind, die das Wort Gottes hören und es bewahren.* Darum geht's. Aber das begreift sie nicht«.

Zeugin 4: geschieden, Mutter von zwei Kindern
»Wie meine Schwiegermutter – ein rotes Tuch! Dieses ›*Selig der Leib … und die Brüste …*‹ hat mich wütend gemacht. Warum sagt sie nicht einfach: ›Rabbi, du bist gesegnet mit Gottesgeist!‹ Stattdessen dieses Spiel über die Bande. Die Mutter meines Mannes beherrschte diese Taktik perfekt: Anerkennung und Ablehnung kamen nie direkt, immer über Umwege. Sie lobte das ›Haus meines Vaters‹, wenn mir etwas gelang, über das sie nicht einfach hinweggehen konnte. Und sie schimpfte über meine Mutter, wenn sie mit mir nicht zufrieden war. Sie vermied jede direkte Auseinandersetzung mit mir. Offene Kritik hielt sie für schamlos – nicht aber ihre Intrigen. Hinter der Hand beklagte sie überall ihre Not mit der Schwiegertochter und jammerte, dass sie ihrem Sohn die falsche Frau ausgesucht hätte, dass sie sich in meiner Familie getäuscht hätte, dass ich doch kaum etwas beizusteuern hätte für die Zukunft. Ja, die Kinder, die kleinen Enkelsöhne …, aber die schlügen ja nach ihrer Seite. Sie trieb einen Keil zwischen meinen Mann und mich. Der Muttersohn ließ sich von ihr einwickeln. Wir wurden uns fremd und feind. Dann gab er mir eines Tages den Scheidungsbrief. Ich wurde fortgejagt – die Kinder behielten sie: seine Söhne, ihre Enkel. Ich kann nur sagen: *Verflucht der Leib, der dich getragen hat und die Brüste, an denen du gesogen hast!* Meine Wut braucht Worte … Ich weiß, sie trafen die Falsche.«

Zeugin 5: unverheiratet
»Ich bin ein Mädchen, zwölf Jahre alt. Bisher war ich einfach ein Kind in unserer Familie, wie meine kleineren Geschwister. Jetzt hat sich alles verändert durch das Blut, das ich zwischen meinen Beinen entdeckte. Meine Mutter

hat gesagt, dass ich jetzt eine Frau werde, und dass das Blut alle vier Wochen kommt, und dass es mich unrein macht und ich mich in den Tagen des Blutens zurückziehen und nichts anfassen soll. Danach ist sie mit mir zum Bad gegangen, damit ich wieder rein wurde. – Jetzt heißt es nur noch: ›Tu das!‹ und ›Mach das nicht!‹ Oder: ›Benimm dich anständig!‹ Und: ›Sprich nur, wenn du gefragt wirst!‹
Ich will nicht Frau werden. Ich will nicht bluten und unrein werden. Ich will nicht, dass mir Brüste wachsen und Haare am Schoß. Mutter hat gesagt, das gehöre zum Frauwerden. Und jetzt würde ich bald verlobt werden, und dann würden wir ein schönes Hochzeitsfest feiern, und dann könnte ich bald ein Kind bekommen und auch Mutter werden. – Ich will das nicht! Und ich will nicht, dass darüber geredet wird. Ich schäme mich so dabei. Und da ruft diese Frau dem Rabbi zu: *Selig der Schoß, der dich getragen hat und die Brüste, an denen du gesogen hast!* – Das ist eine ganz schamlose Person. – Und der Rabbi? Was der geantwortete hat, habe ich nicht verstanden.«

Zeugin 6: Alte Frau, verwitwet
»Wenn du alt bist und alle Verwandten verloren hast, wenn du keine Familie hast und kein Haus, das dir Schutz und Unterhalt bietet, wenn du aufs Betteln und auf Almosen angewiesen bist, dann kommen dir Worte wie ›*Selig der Schoß, der dich getragen hat und die Brüste, an denen du gesogen hast!*‹ nicht über die Lippen. Vielmehr denkst du: ›Selig, der Leib, der heute ein Brot zu verdauen hat und der Mund, der einen Schluck sauberes Wasser findet.‹
Ich höre diesen Wanderlehrern nicht zu. Sie predigen eine Moral, die für mich nicht taugt. Nur dieser Rabbi Jeshua aus Nazareth, der hat Worte, die mich treffen: ›*Selig, ihr*

Armen, denn euch gehört das Reich Gottes. Selig, die ihr jetzt hungert, denn ihr werdet gesättigt werden. Selig, die ihr jetzt weint, denn ihr werdet lachen.‹ (Lk 6,20–21) Ich sage mir das hundertmal am Tag. Und ich spüre, dass er recht hat. Ich habe seine Antwort gehört: *Selig sind, die das Wort Gottes hören und es bewahren.* – Ja, sein *Selig* hören und es *bewahren*, das ist für mich Überlebensprogramm. Und jeder Mensch, der mir freundlich begegnet und mein Alter achtet, *hört Gottes Wort und bewahrt es.*«

Zeugin 7: Ortsbekannte Prostituierte
»Ich habe mich im Hintergrund gehalten, wie immer. Unsereins verhält sich besser diskret.
Warum sie sich so aufgeregt haben? Kann ich nicht sagen. Irgendwie ging es um Schoß und Brüste … – Ja, die eine schrie: ›*Selig der Leib, der dich getragen hat und die Brüste, an denen du gesogen hast!*‹ Und ein paar andere schrien dagegen an. Keine große Sache. Ich hab nur gedacht: Wenn die wüssten, wer alles meinen *Schoß* und meine *Brüste selig*preist. Dann hätten sie Grund zum Schreien. Aber dann träfe es nicht die Jubellerche in ihrer Mitte, sondern ihre Väter, Söhne, Ehemänner und Brüder. Die erkennen mich alle, wenn zu Hause mal wieder *Schoß und Brüste* für den Nachwuchs reserviert sind. Selig solches Erkennen! Nur nachher ist jedes Wiedererkennen, sei's auf den Straßen oder in den Häusern, peinlich. Die Scham, durch die sie innerlich schrumpfen, lässt sie auftrumpfen gegen ihre Frauen und vor allem gegen mich. Wem gilt die Verachtung in ihren Augen? Sollen sie doch in den Spiegel schauen …
Hier bin ich nur wegen Rabbi Jeshua hergekommen. Er war einmal bei mir. Er ist anders als alle. Wir sprachen lange miteinander, sehr offen und ehrlich. Keine Spur von Abwer-

tung in seinen Worten und in seinem Verhalten. Er nannte mich Abrahamstochter und segnete mich. ›Pass auf dich auf‹, sagte er zuletzt. ›Die göttliche Liebe in dir, bewahre sie als deinen wertvollsten Schmuck.‹ Da habe ich mich seliggepriesen.«

Zeugin 8: Eine Fremde, Herkunft unklar
»Was soll ich sagen? Mich interessierte nicht, was sich hier abspielte. Es hat mich hierher verschlagen, nachdem ich um mein Leben fürchten musste. Fragen Sie mich nicht, warum! Jetzt sitze ich in diesem Dorf fest, kenne niemanden und erwarte nicht, dass sich das ändert.
Vielleicht schließe ich mich dem Rabbi an. Ziehen ja eine Menge Leute mit ihm herum, Männer und Frauen. Muss was dran sein an ihm, wenn sie ihm so an den Lippen hängen. –
Entschuldigung, ich muss los, will den Aufbruch nicht verpassen.«

Zeugin 9: Kranke Frau
»Ich bin zu schwach, um mich unter die Zuhörerinnen des Rabbi zu mischen. Ich habe ihm vom schattigen Torbogen aus zugehört; dort fand ich einen Sitzplatz. Ich habe mitbekommen, dass die Mutter des Rabbi – nein! – ihr *Schoß* und ihre *Brüste selig*gepriesen wurden. Das Geschrei habe ich nicht weiterverfolgt. Eine Schmerzattacke hat mich lahmgelegt. *Selig, die Brust* – schon so lange nicht mehr. Es ist seit Jahren etwas in mir gewachsen, was kein Kind wird, was mir aber die Lebenskraft raubt und sich meiner bemächtigt. Erst war es in der Brust zu ertasten, jetzt lässt es meinen Leib anschwellen und drückt mir den Atem ab. Ich ahne, dass ich nicht mehr lange zu leben habe.

Dem Rabbi Jeshua sagen sie nach, er könne Kranke heilen, er hole sogar Tote ins Leben zurück. Da bin ich skeptisch! Wenn es so wäre, dann erfüllten sich die schönsten Verheißungen der Propheten, die ich mir in all den Jahren meines Leidens bewahrt habe. Dann wäre die Zeit der Vollendung gekommen und GOTT nähme Wohnung bei den Menschen. Danach sieht es nicht aus.«

Zeugin 10: Frau aus Ägypten, auf der Durchreise
»Ich bin zufällig hier vorbeigekommen, als die Frauen in Streit gerieten. Ich kann zu dieser Sache nichts sagen. Irgendeine von ihnen hat geschrien: ›*Selig der Leib, der dich getragen hat und die Brüste, an denen du gesogen hast!*‹ – Für mich war das nichts Besonderes. Bei uns zu Hause in Ägypten ist die Seligpreisung stillender Brüste ein beliebtes Stoßgebet, das sich an die Göttin Isis richtet. Ihre Mutterschaft und die Fürsorge für ihren Sohn Horus macht sie zur Lieblingsgöttin der Ägypterinnen. Denn sie spendet nach unserem Glauben Leben und beschützt es. Wenn wir Frauen mit Isis vergleichen, ist das ein besonderes Kompliment. Ich begreife nicht, wie man darüber so zornig werden kann.
Durch die Antwort des Rabbi haben sich aber die Gemüter wieder schnell beruhigt. Er meinte, *selig seien, die das Wort Gottes hören und es bewahren.* Da sind sie alle nachdenklich geworden und auseinander gegangen. – Diese Weisheitslehrer wissen, wie sie die Leute anpacken müssen. Bei uns zu Hause gibt es auch einen, der das richtig gut kann.«

Zeugin 11: Sklavin
»Den lauten Wortwechsel der Frauen hab ich schon gehört. Interessierte mich nicht. Ich gehöre in das Haus des Hauptmanns hier am Ort und habe da draußen nichts zu schaffen.

Als mein Herr mich kaufte, war ich gerade Mutter geworden und stillte meinen Säugling. Und er suchte eine Amme für seinen Sohn. Seine Frau hatte keine Milch. Ich kam ihm also gerade recht in die Hände.

Jetzt habe ich zwei an den Brüsten, die mich schier aussaugen. Mein Herr besteht darauf, dass ich immer zuerst seinen Sohn stille. Und der Kleine ist ein richtiger Beißer. Ich werde wund unter seiner Gier. Und mein Kleiner hat das Nachsehen. Ich kann nur hoffen, dass er keinen Schaden nimmt.

›*Selig, die Brüste …!*‹, sagt meine Herrin, wenn sie sieht, wie bei mir die Milch fließt. Die Schmerzen und die Erschöpfung sieht sie nicht. Aber ich beklage mich nicht. Ich habe die Kleinen um mich und werde als Amme viele Jahre für sie da sein können. Auch das Herrenkind wird sein halbes Leben mehr an mir hängen als an seiner Mutter. Ich stille, solange es geht. Denn in dieser Zeit werden sie mir meinen Sohn nicht wegnehmen. *Selige Brüste*, bleibt mir erhalten!«

Zeugin 12: Schriftgelehrte

»Ich habe den Streit der Frauen beobachtet und dachte: Was macht ihr denn für einen Aufstand um einen Segensruf, der euch aus unseren heiligen Schriften vertraut ist! Erinnert euch an den Segen, den unser Vater Jakob über Josef sprach: *Gott, der Allmächtige, er wird dich segnen mit Segen des Himmels von droben, mit Segen tief lagernder Urflut, mit Segen von Brust und Schoß.* (Gen 49,25) Schoß und Brust sind Bilder für Geborgenheit und Fürsorge, für Gedeihen und Wohlergehen. Denkt an die Hoffnungsworte, die der Prophet Jesaia zum Volk gesprochen hat: *Freut euch mit Jerusalem! Jubelt alle in der Stadt, die ihr sie liebt. Singt alle voller Freude mit ihr, die ihr um sie getrauert habt. Dann werdet auch ihr euch an ihrer tröstenden Brust satt trinken können und euch an ihrer herrlichen Mutterbrust erfreuen. Denn so spricht der Herr: ›Schaut, ich werde den Frieden wie einen Strom und den Reichtum der Völker wie einen Fluss nach Jerusalem fließen lassen. Ihre Kinder werden saugen, sie werden auf den Armen getragen und auf den Knien liebkost werden. Ich selbst werde euch trösten, wie eine Mutter ihr Kind tröstet. In Jerusalem sollt ihr getröstet werden.‹* (Jes 66,10–13)

Ich hätte den Frauen zurufen wollen: So wie in den Tagen des Propheten stehen auch im Jubel eurer Nachbarin, gegen den ihr euch verwehrt, Schoß und Brüste für Lebensfülle und Glück. Kann denn hier auf Erden unter den Säugetieren eines ins Leben kommen ohne Schoß und Brust? Gibt es einen Menschen, der nicht im Schoß seiner Mutter zu leben beginnt und durch die Brüste einer Frau am Leben gehalten wird?

Und bedenkt: Der Jubelruf ist ja nicht an die Mutter, sondern ihren Sohn adressiert, so wie das Wort des Propheten nicht bei Jerusalem endet, sondern bei der Gottheit, die sich als mütterlich und liebevoll offenbart.

Und noch etwas hätte ich den Streitenden gerne gesagt: Jede von euch hört diesen Ruf doch mit ihren eigenen Ohren und bemerkt, wie er in der eigenen Lebensgeschichte ein Echo findet. Das ist es doch, was die Worte der heiligen Schriften so faszinierend macht. Lasst diesen Nachklang zu in euch und in den Frauen neben euch. Und eignet euch an, was ihr an Lebensförderndem lest und hört. Dann trifft euch das Wort des Rabbi – *Ja selig, die das Wort Gottes hören und es bewahren.* – Und sind wir dann nicht alle zu beglückwünschen als Gesegnete?

Aber keine Chance, bei dem Geschrei Gehör zu finden.«

19. RICHTIGSTELLUNG

Die Sklavin aus Philippi (Apg 16,16–21)

Hildegard König

Auf dem Weg zum jüdischen Betplatz trafen wir auf eine Sklavin, die von einem Wahrsagegeist besessen war und durch ihre Wahrsagerei ihren Besitzern schon viel Geld eingebracht hatte. Sie lief hinter Paulus und uns her und rief: »Diese Männer sind Sklaven des höchsten Gottes. Sie verkündigen euch den Weg zum Heil.« Das tat sie viele Tage lang. Als Paulus es schließlich nicht mehr ertragen konnte, drehte er sich um und fuhr den Geist an: Im Namen Jesu Christi befehle ich dir: »Lass ab von dieser Frau!« Und augenblicklich wich der Geist von ihr. Als aber ihre Besitzer sahen, dass jetzt die Aussicht auf weitere Gewinnausbeute dahin war, ließen sie Paulus und Silas ergreifen, zu den Marktwächtern schleppen und dann den Prätoren vorführen. Bei diesen beschwerten sie sich: »Diese Männer bringen die Stadt in Aufruhr. Sie sind Juden und wollen Lebensgewohnheiten einführen, die wir als römische Bürger nicht dulden und schon gar nicht praktizieren dürfen.« Auch der Pöbel war aufgebracht gegen sie ...

(Berger / Nord)

Richtigstellung: Brief an Lukas

Unserem Bruder Lukas und allen in seinem Haus: Gnade und Frieden von Gott und unserem Herrn Jesus Christus.

Ich danke Gott, dass ich und die im Haus der Lydia Versammelten durch die Tüchtigkeit und Gunst unserer Glaubensgenossen eine Abschrift deiner Historia über die Apostel erwerben konnte. Wir haben sie mit großer Anteilnahme gelesen, vor allem das, was du über die philippischen Ereignisse des Paulus und seiner Begleiter geschrieben hast. Es betrifft uns ja unmittelbar und besonders mich, die dir diesen Brief schreibt. Was du in deinem Werk zusammenstellst, weißt du durch Erzählungen anderer, die teils noch Augenzeugen der Geschehnisse waren, teils diese aus verlässlichen Quellen erfahren haben. Von mir hast du ebenfalls durch die Erzählungen Dritter Kenntnis. Und dass jede Erzählung ihren eigenen Zweck verfolgt, brauche ich dir nicht zu sagen.

Die Zeiten, als Paulus in Philippi den neuen Weg verkündete, liegen Jahrzehnte zurück. Trotz meines hohen Alters kann ich mich gut daran erinnern. War ich doch eine der Frauen, die Paulus damals zu Christus geführt hat. Umso befremdlicher ist es für mich, wie du mich in deinem Bericht zeichnest. Lass mich dir meine Sicht auf das Geschehen damals darstellen und dich an jenes Bekenntnis des Apostels erinnern, das mich, die griechische Sklavin, die ich war, aus meinem wertlosen und erniedrigten Leben herausführte. Ich meine jenes umstürzende Bekenntnis, dass *nicht sei Jude noch Grieche, nicht Sklave noch Freier, nicht männlich noch weiblich, denn wir alle seien eins in Christus Jesus.* (Gal 3,28)
Auf dieser Grundlage gestatte ich mir, deiner Darstellung die meine hinzuzufügen:

Als Tochter einer Sklavin wurde ich mit zwölf Jahren nach Philippi verkauft. Meine Mutter gab mir beim Abschied einen Rat, den ich nicht verstand: »Höre immer auf die Stimme in dir.« Was sie meinte, erfuhr ich mit der Zeit in Philippi, im Haus meines Besitzers, der mich als Haussklavin hielt. Ich sollte diskret meinen Dienst tun. Ich sollte nichts sehen und nichts hören, und ich sah und hörte doch. Ich sollte schweigen, aber eine Stimme in mir zwang mich zu reden. Es war die Stimme einer Geistesgegenwart, die in Orakeln, in Andeutungen und Warnungen meinen Herrn und seine Geschäfte vor Schaden bewahrte. Das fiel auf. Er nannte mich »seine Pythia«. Ich sollte mich umtun in der Stadt und Augen und Ohren offen halten. So konnte ich mich in meinem Sklavinnendasein freier bewegen als andere.

Eines Tages kam er mit einem Geschäftsfreund auf die Idee, aus meiner Begabung mehr Gewinn zu ziehen. Der andere kaufte sich in das Unternehmen PYTHIA ein, indem er die Hälfte meines Wertes investierte. So kam ich zu zwei Besitzern.

Ab da gab es Sprechstunden, in denen ich für alles Mögliche meine Stimme erhob – für windige Geschäfte, Intrigen und Betrügereien vor allem. Es war ermüdend. Diese Arbeit zermürbte mich. Sie zehrte an meiner Seele und an meinem Verstand.

Sooft es ging, suchte ich Erholung und Ruhe vor der Stadt in den Gärten am Fluss. Dort lernte ich Lydia und die ihren kennen. Sie kamen regelmäßig zusammen, feierten, lasen die Schriften der Juden und der Philosophen und beteten zu ihrem Gott. Ich fand bei ihnen einen Ort für meine Seele.

Und dann kam Paulus mit seinen Leuten und brachte uns, Lydia und ihrem Haus und mir, den Herrn Jesus Christus nahe. Das war wie eine Befreiung für uns alle. Paulus deutete uns die Schriften. Wir begriffen, dass wir als Töchter und Söhne Gottes gewollt waren, und dass uns allen unterschiedslos gleiche Würde zukam. Was für eine Zusage! Ich war innerlich in Aufruhr.

Die Stimme in mir wurde groß und durchdrang mich ganz. Sie zwang mich, laut zu werden. Ich konnte mich nicht dagegen wehren. Jeder und jedem, dem ich begegnete, musste ich zurufen: *Diese Menschen da sind Sklaven des höchsten Gottes; sie verkünden euch den Weg zum Heil!* – Das hat manche erstaunt, manche irritiert und etliche verärgert, weil sie mich als stadtbekannte Pythia sahen, die jetzt die Grenzen von Anstand und Sitte überschritt. Die Stimmung war gereizt, das spürte ich, und Paulus war es peinlich, dass ich derart Aufsehen erregte. Schließlich drehte er sich zu mir um und sagte mir ins Gesicht: Merkst Du nicht, dass du uns schadest mit deiner Begeisterung? Dann ging er weg. Ich blieb zurück, entsetzt und konfus. Ich fühlte mich abgelehnt und wie entseelt; ganz entmutigt war ich unfähig zu reden – ich hatte meine Stimme verloren.
Dieser Zustand hielt sich, hartnäckig. Keine Orakel, keine Sprechstunde mehr. Sehr zum Ärger meiner Besitzer. Paulus hatte ihnen das Geschäft ruiniert. Er landete deshalb im Gefängnis und wurde schließlich aufgrund besorgniserregender Vorfälle gebeten, die Stadt zu verlassen.

Ich kam auf den Sklavenmarkt. Für meine Besitzer war ich wertlos geworden. Sie wollten mich nicht mehr um sich

haben. Es waren Leute aus dem Kreis um Lydia, die mich kauften und frei ließen.
Seitdem gehöre ich zu ihnen. In ihrer Geistesgegenwart konnte ich mich wieder finden. Der Geist in mir schweigt jetzt nicht mehr. Ich lasse mir das Sprechen nicht verbieten, weder von deinem Paulus, Lukas, noch von denen, die sich auf ihn berufen wie Timotheus, und auch nicht von dir. Meine prophetische Gabe ist und war ein Geschenk der höchsten Gottheit. Und von ihr rede ich und von meinem Herrn Jesus Christus.

Das, lieber Lukas, entspricht nicht deinen Vorstellungen von der Rolle der Frauen in den Gemeinden Christi. So viel du auch in deinen Schriften von uns redest, du begrenzt uns und engst uns ein: Gläubig sollen wir sein, hören sollen wir, dienstfertig sollen wir sein. – Und was, wenn in uns der Geist Gottes spricht und uns zu Verkündigung und Lehre antreibt?

Der Paulus, dem ich begegnet bin und der mir den Weg der Rettung eröffnet hat, ist ein anderer als der, den du zeichnest. Du machst ihn zum Überapostel. Aber das war er nicht. Er war immer auf die Unterstützung anderer angewiesen, und das wusste er. Deshalb schätzte er alle Frauen und Männer, die mit ihren Begabungen und Fähigkeiten die Kunde von Jesus Christus, dem Retter, in die Häuser und Städte trugen.
Löscht den Geist nicht aus!, (1 Thess 5,19) habe ich Paulus oftmals sagen gehört. Und du, mein lieber Bruder Lukas, legst ausgerechnet ihm dieses *Lass ab, Geist, von ihr!* in den Mund.

Selig sind in Jesus Christus die, in denen Gottes Geist glüht, und die gewürdigt werden, ihm zu dienen. Die aber der Stimme des Geistes misstrauen, die mögen durch die Gnade Jesu Christi Vergebung finden. Es grüßt dich die Liebe der Schwestern und Brüder, die in Philippi bei mir sind. Es grüßt dich auch meine Liebe. Lebe wohl im Frieden Gottes und im Besitz des unerschütterlichen Geistes, der Jesus Christus ist.

20. ZUM DAVONLAUFEN

Eine Frau aus Ephesus (1 Tim 2,9–3,13)

Hildegard König

Frauen sollen ordentlich gekleidet sein, ihre Zierde sind zurückhaltender Charme und Klugheit. Abzulehnen sind kunstvolle Frisuren, Gold- und Perlenschmuck und aufwendige Kleidung. Der Maßstab ist: Bei Frauen, die durch ihr Verhalten grundlegend christliche Mission betreiben, muss alles zusammenpassen.

Im Unterschied zu den jungen Männern, die in der Schule laut lernen, sollen Frauen sich die überlieferten Lehren leise aneignen und auf strenge Unterordnung achten.

Ich kann einer Frau nicht gestatten, öffentlich zu lehren oder sich Männern gegenüber besserwisserisch zu verhalten. Frauen wirken eher hinter den Kulissen. Zur Begründung: Adam wurde als erster erschaffen, dann Eva. Und Adam hat sich nicht von der Schlange verführen lassen, Eva wurde verführt und übertrat das Gebot. Dafür steht den Frauen aber ein besonderer Weg zur Erlösung offen: Wenn sie Kinder bekommen und mit diesen treu im Glauben, beständig in der Liebe sind und mit Klugheit ganz Gott gehören und seinen Willen tun, werden sie erlöst.

Das soll als Grundsatz gelten: Wer nach dem Amt des Gemeindeleiters strebt, der will ein gutes Werk tun. Aber dafür muss er eine Reihe von Voraussetzungen erfüllen: Er soll untadelig leben und darf nur einmal und nur mit einer Frau verheiratet sein, weiter soll er nüchtern, besonnen, ordentlich und gast-

freundlich sein und die Lehre gut vermitteln können. Er darf kein Säufer und kein Schläger sein, nicht geizig, sondern gütig und friedfertig. Er soll sich in der eigenen Familie als Hausvater bewährt haben, und Kinder haben, die ihn achten und ihm gehorchen. Denn wenn er nicht mit der eigenen Familie fertig wird, wie soll der dann die Gemeinde Gottes leiten können? …
Ähnliches gilt für die Diakone: Sie sollen ehrbar sein; auf ihr Wort muss Verlass sein, sie sollen nicht allzusehr dem Wein ergeben sein und dürfen nicht auf schmutzigen Gewinn aus sein …
Ähnliches gilt für die Frauen im Diakonenamt: Sie sollen anständig sein, nicht verleumderisch, sondern nüchtern und in allem zuverlässig.
Auch die Diakone sollen nur einmal und nur mit einer Frau verheiratet sein, sie sollen ihre Kinder und Familien gut leiten können. Denn wer als Diakon seine Aufgaben in der Gemeinde gut versieht, schafft sich großes Ansehen und hat Freude in seinem Glauben, da er mit Jesus Christus verbunden ist.
(Berger / Nord)

In der Gemeinde des Timotheus

Mein lieber Mann! Jetzt wirken wir beide schon so viele Jahre in Ephesus als Diakone. Wir haben uns bewährt in der Verkündigung und bei dem Dienst an den Armen. Und weder dir noch mir ist entgangen, dass es seit einiger Zeit Diskussionen gibt unter den ansässigen Christusgläubigen um den richtigen Weg und um das Erbe des Paulus hier bei uns.
Ja, wir sind in einer schwierigen Situation: Wir können den Apostel nicht mehr fragen, wie wir angemessen mit unserem jüdischen Erbe umgehen; wir können nicht mehr mit ihm diskutieren, woher uns Erkenntnis zukommt, ob allein

aus den Überlieferungen Israels oder auch aus den Traditionen der griechischen Welt. Hier in unserer Stadt lassen die sich ja gar nicht mehr eindeutig unterscheiden. Es gibt so viele Deutungen, wie Köpfe, die man sich darüber zerbricht.

Natürlich gibt es auch Streit um die Richtung, in welche sich unsere Gemeinde verändert. Je mehr wir werden, desto mehr Arbeitsteilung ist nötig. Je mehr wir werden, desto deutlicher werden wir hier in der Stadt sichtbar und damit als »anders« wahrgenommen. Ich sehe auch, dass der Druck steigt, uns an die städtischen Gegebenheiten anzupassen, – und dass manche ihm allzu gerne nachgeben.

Und jetzt bringst du einen Brief ins Haus, der vorgibt, von Paulus zu stammen, und an unseren Altvater Timotheus – Gott hab ihn selig – adressiert zu sein. Mein Lieber, woher stammt dieses Schriftstück? Dass es nicht von Paulus ist, spricht aus jedem Kapitel. Da mögen noch so viele Anspielungen auf dessen Briefe in den Text eingeflossen sein, ich lasse mich nicht täuschen. Paulus stellt sich die Gemeinschaft der Getauften als Leib Christi vor, und spricht von der Gleichwertigkeit aller Glieder unter unserem Herrn Christus Jesus als dem Haupt. Keine Spur davon in dieser Epistel. Über weite Strecken liest sich das wie eine christliche Hausordnung, und zwar eine, die sehr darauf bedacht ist, dass die Außenstehenden ja keinen Anstoß nehmen (1 Tim 3,6; 5,14). Und wo sind die vielfältigen Geistesgaben geblieben, die der Apostel in den Gläubigen seiner Gemeinden wahrnahm und wertschätzte?

Wer immer diesen Brief geschrieben hat, ob es nun ein einziger war oder eine Gruppe von Leuten, die Absicht ist eindeutig: Die Gemeinde soll sich in der Welt einrichten; ihre

Existenz als ein befreiender Gegenentwurf zur Welt ist nicht mehr aufrecht zu erhalten. Die Utopie scheitert an der Realität. Das Reich Gottes ist nicht von dieser Welt … es hat mit ihr offensichtlich auch nichts mehr zu tun.

Und wen trifft es besonders? Uns Frauen, die wir in dieser von Männlichkeit bestimmten Gesellschaft nachrangig und untergeordnet sind. Das wird uns jetzt auch in unserer Gemeinde zu schaffen machen. Wie soll ich, mein lieber Herr Diakon, in Zukunft meinen Dienst als Diakonin leisten, wenn ich nicht mehr öffentlich sprechen soll, wenn die Unterweisung der Mädchen und Frauen nur noch *leise und in strenger Unterordnung* stattfinden soll. Dann kann mir jeder kraft seines Mannseins das Wort verbieten. Und bitte sag mir, wie das gehen soll: *sich die überlieferten Lehren leise anzueignen.* Du liest laut und die Gemeindeältesten lesen laut. Und niemand liest ohne Mithörer. Wie sollen Menschen vom Evangelium erfahren oder von den Weisungen Israels, wenn nicht durch Hören und Zuhören, durch Fragen und Antworten? – Wir haben ja einen Schrank Bücher im Haus, aber wie viele andere nicht? – Soll uns Frauen jede Möglichkeit zur Bildung abgeschnitten werden? – Natürlich nicht. Es gibt ja die Männer mit ihrer Lehrbefähigung! Ihr habt ja schon die Vorherrschaft über unsere Leiber. Jetzt wollt ihr sie auch noch über unsere Köpfe bekommen! – Entschuldige, mein Lieber, wenn ich mich derart empöre.

Und wie steht es um unsere Gemeindewitwen, wenn ihr Honorar davon abhängig gemacht wird, dass sie sich aus der Öffentlichkeit zurückziehen? (1 Tim 5,3–15) Wie sollen sie die Krankenpflege und die Versorgung von alleinstehenden Alten und Notleidenden erledigen, wenn sie nur noch zu Hause bleiben und beten sollen? Wir beide sind auf ihr Wissen und ihre Informationen angewiesen.

Es ist zum Davonlaufen! Aber wohin? Zu denen, die uns bereits verlassen haben, weil es ihnen bei uns zu eng geworden ist? Es sind ja nachdenkliche Leute, die gegangen sind. Und wie verächtlich wird über sie geredet in diesem Brief! – Es ist wirklich zum Davonlaufen!

21. VISION

Die apokalyptische Frau (Offb 12,1–6)

Hildegard König

Dann erschien ein großes Zeichen am Himmel: eine Frau, mit der Sonne bekleidet; der Mond war unter ihren Füßen und ein Kranz von zwölf Sternen auf ihrem Haupt. Sie war schwanger und schrie vor Schmerz in ihren Geburtswehen. Ein anderes Zeichen erschien am Himmel und siehe, ein Drache, groß und feuerrot, mit sieben Köpfen und zehn Hörnern und mit sieben Diademen auf seinen Köpfen. Sein Schwanz fegte ein Drittel der Sterne vom Himmel und warf sie auf die Erde herab. Der Drache stand vor der Frau, die gebären sollte; er wollte ihr Kind verschlingen, sobald es geboren war. Und sie gebar ein Kind, einen Sohn, der alle Völker mit eisernem Zepter weiden wird. Und ihr Kind wurde zu Gott und zu seinem Thron entrückt. Die Frau aber floh in die Wüste, wo Gott ihr einen Zufluchtsort geschaffen hatte; dort wird man sie mit Nahrung versorgen, zwölfhundertsechzig Tage lang.

(EÜ 2016)

vision

ein zeichen
im nachtblauen all
die mondbarke
randvoll mit
sternenstaub und sonnenglanz
darin
das kind
schläft
in den fängen des drachen
nie wieder
wird er seine häupter
erheben
das kind
hat es ihm angetan

ein zeichen
vor blutrotem horizont
die frau
und die flucht
auf leben und tod
was ihr bleibt
ist verwüstung
ist wüste
und trugbilder
flimmern
am mittag

auf geblendete augen
aber fällt
nächtens
der mondschatten
wirft eine spur
hoffnung ins dunkel
und eine ahnung
am ende wird
alles
ganz
anders

Abkürzungen und Verzeichnis der verwendeten Bibel-Ausgaben

Die Bibelzitate sind folgenden Ausgaben entnommen:

EÜ 2016 = Einheitsübersetzung der Heiligen Schrift © 2016 Katholische Bibelanstalt GmbH, Stuttgart. Alle Rechte vorbehalten.

LB 2017 = Lutherbibel, revidiert 2017, © 2016 Deutsche Bibelgesellschaft, Stuttgart.

BigS = Ulrike Bail / Frank Crüsemann / Marlene Crüsemann (Hrsg.), Bibel in gerechter Sprache © 2006, Gütersloher Verlagshaus, Gütersloh, in der Verlagsgruppe Random House GmbH.

Pesch = Rudolph Pesch, Ulrich Wilckens, Reinhard Kratz, Synoptisches Arbeitsbuch zu den Evangelien (Band 1–5), Gütersloher Verlagshaus in der Verlagsgruppe Random House GmbH, Gütersloh 1980 © bei den Urhebern.

Fischer = Georg Fischer, Herders Theologischer Kommentar zum Alten Testament, Genesis 1–11, © Verlag Herder GmbH, Freiburg im Breisgau, 2018; Gen 4: S. 274–276.

Groß 2009 = Walter Groß, Herders Theologischer Kommentar zum Alten Testament, Richter, © Verlag Herder GmbH, Freiburg im Breisgau, 2009; Ri 19–21: S. 799–805.

Metternich = Metternich, Ulrike, Auferstanden in Naïn, in: Zimmermann, Ruben (Hg), Kompendium der frühchristlichen Wundererzählungen, Band 1, Gütersloher Verlagshaus in der Verlagsgruppe Random House GmbH, Gütersloh 2013 © bei der Urheberin.

Berger / Nord = Klaus Berger, Christiane Nord, Das Neue Testament und Frühchristliche Schriften © Insel Verlag, Frankfurt a.M., Leipzig 5. Auflage 2001. Alle Rechte bei und vorbehalten durch Insel Verlag Berlin, S. 747–749.
Textauszug aus: Oden Salomos, in: Klaus Berger / Christiane Nord (Hrsg.), Das Neue Testament und frühchristliche Schriften. © Insel Verlag Frankfurt am Main und Leipzig 1999.

Literatur

Vorwort

Tilly, Michael, Art. Aristeasbrief, in: Das Wissenschaftliche Bibellexikon im Internet (www.wibilex.de), 2007.

1. Mrs. Cain

Brandscheidt, Renate, Art. Kain und Abel, in: Das Wissenschaftliche Bibellexikon im Internet (www.wibilex.de), 2007.

Ego, Beate, Art. Henoch / Henochliteratur, in: Das Wissenschaftliche Bibellexikon im Internet (www.wibilex.de), 2007.

Fischer, Georg, Genesis 1–11. Herders theologischer Kommentar zum Alten Testament, Freiburg i. Br. 2018, S. 273–324.

Hieke, Thomas, Genealogie als Mittel der Geschichtsdarstellung in der Tora und die Rolle der Frauen im genealogischen System, Universität Tübingen 2009, http://hdl.handle.net/10900/96298.

Lawrence, Jerome – Lee, Robert Edvin, Inherit the wind (1955); in: Selected Plays. The Ohio State University Press, Ohio, 1995. (https://library.osu.edu/)

2. Die Lebensretterinnen

Gertz, Jan Christian, Art. Mose, in: Das Wissenschaftliche Bibellexikon im Internet (www.bibelwissenschaft.de/stichwort/28069/), 2008.

3. Was Recht ist, muss Recht bleiben

catholicwomenspeak.com/about.

Hadebe, Nontando, »Not in our name without us« – The intervention of Catholic Women Speak at the Synod of Bishops on the Family: A case study of global resistance movement by Catholic women, HTS Teologiese Studies / Theological Studies 72(1), a3481 (2016).

Hadebe, Nontando, Redemanuskript des während der Tagung »Frauenpower und Männermacht. Potentiale und Hindernisse gleichberechtigter Teilhabe in der katholischen Kirche« vom 16.–17. September 2021 in der Akademie Franz Hitze Haus gehaltenen Vortrags.

4. Mein Vater war mein Held

Bauks, Michaela, Traditionsgeschichtliche Erwägungen zur Namenlosigkeit von Jiftachs Tochter (Ri 11,29–40), lectio difficilior 1/2007 – http://www.lectio.unibe.ch.

Böhler, Dieter, Jiftach und die Tora. Eine intertextuelle Auslegung von Ri 10,6–12,7, Frankfurt am Main 2008 (ÖBS 34).

Goethe, Johann Wolfgang von, Iphigenie auf Tauris, Werkausgabe Bd. 2, Wiss. Buchgesellschaft 1998.

Groß, Walter, Richter. Herders Theologischer Kommentar zum Alten Testament, Freiburg i.B. 2009.

Reinhartz, Adele, »Why Ask My Name?« – Anonymity and Identity in Biblical Narrative, Oxford 1998.

5. Geschändet

Bail, Ulrike, On Gendering Laments. Eine genderorientierte Lektüre der Klagepsalmen, in: Christl M. Maier, Nuria Calduch-Benages (Hg.), Schriften und spätere Weisheitsbücher. Die Bibel und die Frauen. Eine exegetisch-kulturgeschichtliche Enzyklopädie. Altes Testament Bd. 1.3, Stuttgart 2013, S. 170–184.

Exum, J. Cheryl, Das Buch der Richter. Verschlüsselte Botschaften für Frauen, in: Luis Schrotthoff, Marie-Therese Wacker (Hg.) Kompendium Feministische Bibelauslegung, Gütersloh 3. Auflage 2007, S. 90–103.

Groß, Walter, Richter. Herders Theologischer Kommentar zum Alten Testament, Freiburg i.B. 2009; Ri 19–21: S. 796–885.

Scherer, Andreas, Art. Richter / Richterbuch, in: Das Wissenschaftliche Bibellexikon im Internet (www.wibilex.de), 2005.

Schönemann, Hubertus, Art. Klage (AT), in: Das Wissenschaftliche Bibellexikon im Internet (www.wibilex.de), 2012.

6. Ein Stück Shalom

Bieberstein, Sabine; Bieberstein, Klaus, Keine Angst vor fremden Frauen. Das Buch Rut – politisch gelesen, in: Sonja Strube, Fremde Frauen (FrauenBibelArbeit Band 24), Stuttgart 2010, S. 20–27.

Junkal Guevara Llaguno, Miren, Rut und Noomi fordern Leben und Erinnerung zurück, in: Christl M. Maier, Nuria Calduch-Benages (Hg.), Schriften und spätere Weisheitsbücher. Die Bibel und die Frauen. Eine exegetisch-kulturgeschichtliche Enzyklopädie. Altes Testament Bd. 1.3, Stuttgart 2013, S. 221–238.

7. Traduttore traditore

Traktat Sanhedrin 65a.

Plutarch, De defectu oraculorum 9 bzw. 414e.

Origenes, De Principiis III 3,5.

Kramer, Heinrich, Malleus Maleficarum [Erstdruck 1468].

8. Zwei Mütter werden Eltern

Baumann, Gerlinde, Die Weisheitsgestalt. Kontexte, Bedeutungen, Theologie, in: Christl M. Maier, Nuria Calduch-Benages (Hg.), Schriften und spätere Weisheitsbücher. Die Bibel und die Frauen. Eine exegetisch-kulturgeschichtliche Enzyklopädie. Altes Testament Bd. 1.3, Stuttgart 2013, S. 57–74.

Kath. Bibelwerk, Bibel und Kirche. Salomo - König der Gegensätze, 76. Jg, Stuttgart 2021.

9. Facts and fakes

Georg Friedrich Händel, Oratorium Solomon (1749), HWV 67 - Act 3: Sinfonia – (https://www.youtube.com/watch?v=B50ed6qaHbU).

Nitsche, Martin, Art. Salomo, in: Das Wissenschaftliche Bibellexikon im Internet (www.wibilex.de), 2017.

Paganini, Simone und Claudia, König Salomo und die Königin von Saba. Von der Faszination der fremden Frau und dem mangelnden Mut sich einzulassen, in: FrauenBibelArbeit Bd. 24 »Fremde Frauen« Stuttgart 2010, S. 28–35.

Stein, Peter, Art. Saba, in: Das Wissenschaftliche Bibellexikon im Internet (www.wibilex.de), 2014.

10. Himmelsköniginnen

Staubli, Thomas, Begleiter durch das Erste Testament, Ostfildern 4. Auflage 2010.

11. Ijobs Frau

Schaller, Bernhard, Das Testament Hiobs (JSHRZ III 3), Gütersloh 1979, 366–371.

Witte, Markus, Art. »Hiob / Hiobbuch«, in: Das Wissenschaftliche Bibellexikon im Internet (https://www.bibelwissenschaft.de/stichwort/11644/), 2007.

13. Wohl bedacht

Schmitz, Barbara, Lange, Lydia, Judit: schöne Weisheitslehrerin oder fromme Frau? Überlegungen zum Buch Judit, in: Eileen Schuller, Marie-Theres Wacker (Hg.), Frühjüdische Schriften, (Die Bibel und die Frauen, Eine exegetisch-kulturgeschichtliche Enzyklopädie, Band 3,1), Stuttgart 2017, S. 33–50.

14. alptraum ohne ende

Kany, Roland, Die Frau des Pilatus und ihr Name, in: Zeitschrift für die Neutestamentliche Wissenschaft und die Kunde der Älteren Kirche; Vol. 86, Berlin 1995, S. 104.

Kany, Roland (1995): Claudia Procula und der Große Pan. Zur antiken paganen und christlichen Vorgeschichte eines Traumes in Dorothy Sayers' *The Man Born to Be King*, in: Arcadia : internationale Zeitschrift für Literaturwissenschaft, Vol. 30, Nr. 1, S. 62–70.

16. Ich hasse dich! – Eine ungehaltene Rede

Böttrich, Christoph, Art. Antipas (Herodes), 2015, online verfügbar in: Deutsche Bibelgesellschaft, Wissenschaftliches Bibellexikon, http://www.bibelwissenschaft.de/stichwort/49893/

Freyne, Sean, Zwischen römischem Imperium und Synagoge. Die Rolle von Frauen im römischen Palästina durch die Brille des Markusevangeliums, in: Mercedes Navarro Puerto, Marinella Perroni (Hg.), Evangelien. Erzählungen und Geschichte, (Die Bibel und die Frauen, Eine exegetisch-kulturgeschichtliche Enzyklopädie, Band 2.1), Stuttgart 2012, S. 39–59.

17. Begegnung im Stadttor

Metternich, Ulrike, Auferstanden in Naïn (Auferweckung des Sohnes einer Witwe aus Naïn), in: Ruben Zimmermann (Hg.), Kompendium der frühchristlichen Wundererzählungen, Band 1, Gütersloh 2013, S. 571–582.

18. Zeugenbefragung

Sigismund, Marcus, Perikopen zum Kirchenjahr (15. August). http://www.perikopen.de/Gedenktage/15Aug_MariaAssumpta_Lk11_27-28_Sigismund.pdf – (Dr. Marcus Sigismund, Institut für Septuaginta- und biblische Textforschung, KHS Wuppertal)

Steinberg, Julius, Art. Seligpreisung (AT), in: Das Wissenschaftliche Bibellexikon im Internet (www.wibilex.de).

19. Richtigstellung: Brief an Lukas

Avemarie, Friedrich, Warum treibt Paulus einen Dämon aus, der die Wahrheit sagt? Geschichte und Bedeutung des Exorzismus zu Philippi (Act 16,16–18), in: A. Lange et al. (Hg.), Die Dämonen. Demons. Die Dämonologie der israelitisch-jüdischen und frühchristlichen Literatur im Kontext ihrer Umwelt. The Demonology of Israelite-Jewish and Early Christian Literature in Context of their Environment, Tübingen 2003, S. 550–576.

Pesch, Rudolph, Apostelgeschichte. Evangelisch-Katholischer Kommentar zum Neuen Testament, Bd. V, Neukirchen-Vluyn 1986, S. 13–14.

Wetz, Christian, Art. Dämonen / Dämonenbeschwörung (NT), in: Das Wissenschaftliche Bibellexikon im Internet (www.wibilex.de), 2015.

20. Zum Davonlaufen

Häusl, Maria; König, Hildegard, Eine Handvoll Mehl im Topf; in: Maria Häusl, Stefan Horlacher, Sonja Koch, Gudrun Loster-Schneider, Susanne Schötz (Hg.), Armut. Gender-Perspektiven ihrer Bewältigung in Geschichte und Gegenwart. Leipzig 2016, S. 99–136.

König, Hildegard, »... eine Frau zum Dienste der Weiber« – Seelsorge von Frauen an Frauen in frühchristlicher Zeit, in: S. Pemsel-Maier (Hg.), Zwischen Alltag und Ausnahme: Seelsorgerinnen. Geschichte, Theologie und Praxis. Ostfildern 2001, S. 40–57.

Wagener, Ulrike, Die Pastoralbriefe. Gezähmter Paulus – domestizierte Frauen, in: Luise Schrotthoff, Marie-Therese Wacker (Hg.), Kompendium Feministische Bibelauslegung, Gütersloh 3. Auflage 2007, S. 661–675.

21. vision

Sutter Rehmann, Luzia, Die Offenbarung des Johannes. Inspirationen aus Patmos, in: Luise Schrotthoff, Marie-Therese Wacker (Hg.), Kompendium Feministische Bibelauslegung, Gütersloh 3. Auflage 2007, S. 723–741.

ANMERKUNGEN

1 Überliefert ist die Legende im Aristeasbrief, einem Text, der im 2. Jhd. v.Chr. im hellenistischen Judentum entstanden ist. Näheres dazu bei: Tilly, Michael, Art. Aristeasbrief, in: Das Wissenschaftliche Bibellexikon im Internet (www.wibilex.de), 2007.

2 Mrs. Cain wird als Argument gegen einen rigiden Biblizismus im Schauspiel *Inherit the wind* von Jerome Lawrence und Robert Edvin Lee (1955) ins Spiel gebracht.

3 Ex 1,19*, Wortlaut EÜ 1980.

4 »Der Name Mose (hebr. מֹשֶׁה *mošæh*) leitet sich von dem ägyptischen Verb *mś / mśj* ›gebären‹ ab. Es handelt sich um die Kurzform einer ägyptischen Namensform wie Thutmosis ›der Gott Thut hat geboren‹, wobei das theophore Element, die Nennung des Gottes, weggefallen ist: ›[der Gott N.N.] ist oder hat geboren‹. Im Alten Testament ist die Erinnerung an die ägyptische Herkunft des Namens darin bewahrt, dass die Tochter des Pharaos das Kind benennt, wenngleich ihr eine Etymologie des Namens in den Mund gelegt wird, die den Namen von einer hebräischen Wurzel *mšh* ›herausziehen‹ ableitet: ›Ich habe ihn aus dem Wasser gezogen‹ (Ex 2,10). Doch die Hebräischkenntnisse der Pharaonentochter haben alle historische Wahrscheinlichkeit gegen sich und sind dem Sujet der legendarischen Erzählung geschuldet. Sachlich spricht gegen diese etymologische Herleitung der Kontext, der eigentlich eine Passivbildung des Verbums *mšh* mit der Bedeutung ›der Herausgezogene‹ erwarten lässt.« Jan Christian Gertz, Art. Mose, https://www.bibelwissenschaft.de/stichwort/28069/.

5 Die Erzählung der Töchter des Zelofhad durchbricht das Programm unseres Buches, namenlose Frauen zu porträtieren. Die fünf Schwestern tragen in jeder Erwähnung ihre Namen, und sie sind die Akteurinnen der Szene. Sie haben sich gezeigt, sind mutig nach vorne getreten. Nicht unbedacht, sondern wohl vorbereitet und klug, nach gemeinsamer Beratung, im Vertrauen auf ihr Gerechtigkeitsempfinden – und im Vertrauen auf Gott, der den Unterdrückten Recht verschafft. Dennoch wird kaum jemand die Namen aufzählen können, sie vielmehr stets als die Töchter Zelofhads titulieren. So stehen sie solidarisch an der Seite der Namenlosen.

6 Vgl. catholicwomenspeak.com/about.

7 Die drei Punkte sind einem Redemanuskript von Nontando Hadebe (Johannesburg) entnommen; gehalten wurde der Vortrag während der Tagung »Frauenpower und Männermacht. Potentiale und Hindernisse gleichberechtigter Teilhabe in der katholischen Kirche« vom 16.–17. September 2021 in der Akademie Franz Hitze Haus. Vgl. von der Autorin ebenfalls: Hadebe, Nontando, »Not in our name without us« – The intervention of Catholic Women Speak at the Synod of Bishops on the Family: A case study of global resistance movement by Catholic women, HTS Teologiese Studies / Theological Studies 72(1), a3481 (2016).

8 »gibor hajil« wie in 1 Sam 16,18; 2 Kön 5,1; Rut 2,1.

9 Dtn 12, 31, EÜ 2016.

10 Lev 27,1–8, EÜ 2016.

11 Lev 5,4–6, EÜ 2016.

12 Vgl. Aischylos, Agamemnon.

13 Johann Wolfgang von Goethe, Iphigenie auf Tauris, Erster Aufzug. Dritter Auftritt, Werkausgabe Bd. 2, Wiss. Buchgesellschaft 1998, 252.

14 Vgl. 1 Sam 14,24–46.

15 So resümiert Walter Groß am Ende seiner detailreichen Auslegung zur Jiftach-Episode und dem Abschreiten der Auslegungsgeschichte: Walter Groß, Richter (HThKAT), Freiburg i. Br. 2009, 621.
16 Vgl. Groß, 600.
17 Vgl. Dieter Böhler, Jiftach und die Tora. Eine intertextuelle Auslegung von Ri 10,6–12,7, Frankfurt am Main 2008 (ÖBS 34), 317.
18 Böhler, 273.
19 Vgl. Böhler, 75.
20 Vgl. Böhler, 155; vgl. Groß 600f.
21 Vgl. Böhler, 80.
22 Böhler, 82.
23 Böhler, 285.
24 Böhler, 287.
25 Vgl. Böhler, 293.
26 Vgl. Böhler 322.
27 Böhler, 323.
28 Vgl. Böhler, 324.
29 Böhler, 325.
30 Vgl. Böhler, 329f.
31 Ausführlich: Adele Reinhartz, »Why Ask My Name?« – Anonymity and Identity in Biblical Narrative, Oxford 1998; Michaela Bauks, Traditionsgeschichtliche Erwägungen zur Namenlosigkeit von Jiftachs Tochter (Ri 11,29–40), lectio difficilior 1/2007 – http://www.lectio.unibe.ch.
32 Vgl. Böhler, 314.
33 Übersetzung: EÜ 2016.
34 Übersetzung: BigS.
35 Lev 19,9–12.
36 בַּעֲלַת־אוֹב *ba'ălat 'ôv.*
37 ἐγγαστρίμυθος *engastrimythos.*
38 Traktat Sanhedrin 65a.
39 De defectu oraculorum 9 bzw. 414e.
40 De Principiis III 3,5.
41 Malleus Maleficarum, ca. 1486. Dort wird im Ersten Teil unter »Vergleichung der Hexenwerke mit anderen Arten des Aberglaubens, sechzehnte Frage« die Nekromantie aufgeführt. Zu unserer Stelle heißt es: »Diese Art Kunst besaß auch jene Zauberin und Pytho, Könige I, 28, die auf das Drängen Sauls den Samuel heraufbeschwor.« Erst die deutsche Ausgabe verwendet »Hexe«.
42 Die Königin scheint an das gleichnamige Musikstück aus Händels Oratorium *Salomo* zu denken, hier nachzuhören: https://www.youtube.com/watch?v=B50ed6qaHbU).
43 Staubli, Thomas, Begleiter durch das Erste Testament, Ostfildern [4]2010, S. 100.
44 Das Schlagen der Kehle ist ein alter orientalischer Brauch, wenn Frauen ihrer Freude Ausdruck verleihen wollen. Dieses Trällern oder Jodeln wird im Hebräischen mit dem lautmalerischen Wort hallel wiedergegeben. [...] vgl. Staubli (2010), Abb. 111, 103.
45 Hanna ist keine namenlose biblische Frau, sondern so etwas wie die Ausnahme von der Regel in unserer Porträtsammlung. Den drei biblischen Frauen mit Namen Maria vergleichbar, finden wir drei Frauen namens Hanna in der Bibel: die Mutter Samuels (1 Sam 1,2–2,11), Tobits Frau und schließlich die Tochter Penuels (Lk 2,36ff.). Dem Namen Hanna liegt die Bedeutung »gnädig sein« im

Sinne von »Gott ist gnädig« zugrunde. Damit werden die Einzelpersonen, obwohl deutlich gekennzeichnet, als Identifikationsmöglichkeiten angeboten und über die jeweilige Geschichte hinaus erweitert und aufgebrochen. Die ganze Tobit-Erzählung gibt in vielen Elementen zu verstehen, dass sie fiktiv verstanden werden will und Typen zeichnet, keine geschichtlichen Individuen.

46 Gr.: diäkonei > diakonein: dienen, bedienen.

47 Metternich, Ulrike, Auferstanden in Naïn (Auferweckung des Sohnes einer Witwe aus Naïn), in: Zimmermann, Ruben (Hg), Kompendium der frühchristlichen Wundererzählungen, Band 1, Gütersloh 2013, 571–582, 571.

48 Am 8,10; Jer 6,26.

DIE AUTORINNEN

Barbara Janz-Spaeth ist Pastoralreferentin und arbeitet seit 2013 als Referentin für Bibelpastoral und biblische Bildung in der Diözese Rottenburg-Stuttgart. Ihre Leidenschaft ist die Verbindung zwischen Bibel und Leben, der sie mit Neugier und Intensität nachspürt.

Dr. Hildegard König war bis 2020 Professorin für Kirchengeschichte an der TU Dresden, ist TZI-Trainerin und Trauerbegleiterin. Als Lyrikerin hat sie mehrere Bücher veröffentlicht. Mit ihrer dichten Sprache spürt sie im Alltäglichen den Geheimnissen des Lebens nach.

Dr. Claudia Sticher ist Pastoralreferentin und leitet die Diözesangeschäftsstelle Katholisches Bibelwerk, Biblische Bildung und bibelpastorale Projekte im Bistum Mainz. Sie hat Katholische Theologie und Philosophie studiert und in alttestamentlicher Exegese promoviert.